Faire son book

Faire son book

Fig Taylor

Traduit de l'anglais par Brigitte Quentin

EYROLLES

Remerciements de l'auteur

Je tiens à remercier Liz Resnick qui m'a poussée à écrire ce livre, ainsi que mon éditrice, Jo Lightfoot, pour sa patience d'ange tout au long de ce travail.

Je voudrais également remercier tous ceux qui m'ont si généreusement offert leur temps et leur expérience, ce qui m'a permis de faire un bien meilleur travail que si j'avais été seule. Les voici (dans le désordre) : Zoe Antoniou, Jemma Robinson, Alan Male, Andrew Selby, Kim Burdett, Bob Cook, Jane Souyave, Jonathan Gibbs, Nancy Slonims, Phil Gray, Mark Wigan, Steve Wilkin, Will Hill, Al Wasco, Alice Carter, Alisa Aronson, Barbara Yale-Read, Brockett Horne, Deborah Shmerler, Diane Tarter, Edwin Utermohlen, Judith Aronson, Kenenth Fitzgerald, Kimberley Vickrey, Robert Sedlack, Rosario Martinez-Cañaz, Rukmini Ravikumar, Sue Vessella, Tom Garrett, Tyler Galloway, Louisa St Pierre, Ben Cox, Dave Day, Mark Reddy, Neil Dawson, Steve Rutterford, Andy Altman, Andy Ewan, Anne Brassier, Austin Cowdall, Christopher Pullman, Doug Powell, Ian Bilbey, Donough O'Malley, Josh Silverman, Judy Wellfare, Lance Hidy, Danielle Plaskett, Derek Brazell, Martin Lambie-Nairn, Maryanne Grebenstein, Michael Koid, Joshua Keay, Kai Clements, Rian Hughes, Rob Howsam, Robert Linsky, Susan Williamson, Stephanie Zelman, Saeko Ozaki, Stuart Briers, Karen Boller, Alison Lawn, Anamaria Stanley, Colin McHenry, Hazel Brown, Jennifer Pastore, John Oakey, Kristina DiMatteo, Martin Colyer, Paul Harpin, Jim Thompson, Frances McKay, Boo Cook, Kevin Hopgood, Rodd Hunt, Russell Cobb, Steven Preston, Birgitte Lund, Jacqueline Brown, Graham Humphreys, Alex Tomlinson, Anders Suneson, Gert Gerrits, Barry James, Chris Shamwana, Eleanor Crow, Joe Whitlock Blundell, Jonathan Christie, Joy Monkhouse, Lucy Bennett, Mike Jolley, Penny Holroyde, Val Brathwaite, Richard Ogle, Steve Scott, Martin Vintner-Jackson, Neil Lewis, Yuko Shimizu, Jay Taylor, Jeff Fisher, Ulla Puggaard, Andrew Pavitt, Martin Haake, Olaf Hajek, Tina Mansuan, Tomer Hanuka et Siobhan Harrison.

Si j'ai oublié quelqu'un, qu'il me pardonne !

Titre original en langue anglaise : *How to Create a Portfolio*

Traduction française : Brigitte Quentin

Révision : Alexis Argyroglo

La première édition de cet ouvrage a été créée et publiée en 2010
par Laurence King Publishing Ltd., Londres.

pour les éditions en langue française
61, bd Saint-Germain
75240 Paris Cedex 05
www.editions-eyrolles.com

ISBN : 978-2-212-12684-6
Dépôt légal : août 2010
Imprimé en Chine
N° d'éditeur : 8116

Sommaire

Introduction 6

1 Qu'est-ce qu'un portfolio? 9

Le portfolio de l'étudiant 10

Le portfolio du professionnel 13

Le portfolio du graphiste 16

Le portfolio de l'illustrateur 17

Le portfolio pluridisciplinaire 20

Résumé 21

2 Comprendre le marché 23

Les studios de création 25
Identité de marque 25
Conception web 27
Conception pluridisciplinaire 27
Stages de création graphique 30
Commandes d'illustrations 30

Les agences publicitaires 33
Devenir graphiste publicitaire 33
Devenir illustrateur publicitaire 35
Opportunités pour les professionnels pluridisciplinaires 35

Le secteur de la presse 38
Opportunités pour les graphistes 38
Commandes d'illustrations 43

L'édition de livres 47
Débuter comme concepteur de livres 47
Littérature jeunesse 48
Livres éducatifs 48
Livres de fiction pour adultes 53
Autres livres pour adultes 53

La bande dessinée 57
La voie indépendante 57
La voie commerciale 57

Télévision et cinéma 60
Opportunités pour les graphistes 60
Opportunités pour les illustrateurs 63

Le développement de jeux vidéo 66
Compétences requises pour les illustrateurs 66

Les cartes de vœux 71
Emplois salariés 71
Illustrer des cartes de vœux 71
Trouver le bon éditeur 71
Créer un portfolio 72
S'installer comme éditeur 72

Résumé 73

3 Recherches et démarchage 75

Importance des recherches 76

Cibler vos recherches 77
Emplois dans la conception graphique 77
Commandes d'illustrations 80

Sources d'information 81
Journaux professionnels 81
Publications annuelles 81
Annuaires professionnels et listes de diffusion 83
Bibliothèques 83
Sites web, portails et blogs professionnels .. 83

Démarchage 84

Candidatures spontanées 85

Concours et expositions d'étudiants 86

Résumé 87

4 Créer un bon portfolio 89

Notions de base 90

Apprenez l'objectivité 91

Le contenu 92
Les exemples présentés sont-ils les meilleurs ? 92
Le portfolio ne contient-il pas trop de travaux très personnels ? 92
Quels nouveaux exemples de travaux faut-il inclure ? 93
Faut-il présenter les travaux en contexte ? ... 93
Combien de travaux inclure ? 97
Comment montrer du travail publié ? 97
Faut-il inclure ses carnets ? 99

Combien de portfolios ? 99

Résumé 101

5 Choisir le bon portfolio 103

Le portfolio imprimé 104
Formats 104
Quel type de portfolio ? 105
Pochettes et plastification 105
Comment présenter votre travail 108
Photographies d'exemples de réalisations ... 108

Le portfolio numérique 113
Qu'est-ce qui peut mal tourner ? 113
Comment s'y prendre 114
Présentations à distance 114

Résumé 115

6 Comment se faire connaître 117

Constituer un réseau 118

CV et lettre de présentation 119

Le matériel de promotion 123

Conseils pour la présentation 128
Soyez prêt 128

Comment présenter votre portfolio 129

Suivi post-entretien 131
Sites web 131
Publicité dans les annuaires professionnels 134
Visites de suivi 134

Résumé 135

Ressources 136
Organismes professionnels 136
Informations et conseils 137
Bibliothèques et lieux spécialisés 138
Fabricants et revendeurs de portfolios 138
Sites web sur le graphisme 139
Sites web sur l'illustration 139
Publications 139
Événements 140
Domaines spécifiques 141
Développement de jeux vidéo 142
Cinéma et télévision 142
Photographie 143

Crédits photographiques 144

Introduction

Graphiste ou illustrateur, vous avez choisi un secteur qui est souvent, et à juste titre, qualifié de « jungle ». Et plus les opportunités se multiplient pour les communicants visuels, plus cette jungle semble s'épaissir. Qui aurait pu penser, il y a seulement quelques années, qu'il existerait des emplois stables et bien payés consistant à créer des images pour les téléphones portables ou des avatars pour Internet ? Que des collectifs de graphistes et d'illustrateurs, ou des structures créatives pluridisciplinaires, deviendraient pour certains clients des alternatives économiques aux fournisseurs habituels de création graphique ? Ce livre a pour but de vous aider à vous frayer un chemin dans cet environnement professionnel particulièrement emmêlé. Après l'avoir lu, vous comprendrez mieux les besoins des personnes pour lesquelles et avec lesquelles vous allez être amené à travailler – vous y apprendrez notamment ce que doit contenir votre book, en vue d'obtenir le poste ou la commande dont vous rêvez. Il s'agit de repérer, d'identifier et de cerner les besoins d'un employeur, souvent extrêmement divers, de les affronter avec confiance et professionnalisme, et de se créer des opportunités de travail grâce à l'ensemble des ressources accessibles.

Si le style n'est pas la principale préoccupation de cet ouvrage, il est impossible de faire totalement l'impasse sur ce sujet lorsqu'on traite de la présentation du travail. Après tout, en tant que graphiste ou illustrateur, votre style détermine votre capacité à suivre et à créer la tendance. Ce sont vos compétences en communication visuelle que vous vendez, et l'aspect de votre travail, la façon dont vous le présentez vont jouer un rôle déterminant dans le fait que c'est vous qui allez obtenir le job rêvé, et pas un autre jeune créatif ambitieux. C'est pourquoi nous présentons ici différents types de portfolios, physiques ou virtuels, accompagnés de conseils sur la présentation. Vous trouverez également des informations sur le matériel de promotion, du site web aux cartes imprimées et autres outils plus originaux. Toutefois, je pars du principe que vous avez vos propres idées dans le domaine esthétique. On ne compte plus les beaux livres pleins d'envolées lyriques sur la création graphique et l'illustration contemporaines. Cet ouvrage-ci s'attache avant tout à la présentation de votre travail.

C'est aussi un livre sur l'acquisition du métier, c'est-à-dire sur les fondations que vous devez bâtir en vue de réussir dans la carrière que vous avez choisie. Si la plupart des formations donnent des renseignements sur la pratique professionnelle, certaines écoles y attachent plus d'importance que d'autres. Les cours magistraux sur le sujet ne sont pas toujours obligatoires et les informations de ce type sont souvent fournies par des intervenants extérieurs. Mais les informations les plus utiles sont bien souvent ignorées quand on n'est pas véritablement prêt à les recevoir. Quand on est étudiant, que l'on déborde d'idées géniales, il est bien plus évident de chercher à les exprimer que de penser à ce que l'on va faire en quittant l'école.

Que vous souhaitiez devenir graphiste ou illustrateur, voire même, comme cela devient de plus en plus courant dans cette ère numérique brouillant les frontières, un professionnel aux compétences multiples, vous constaterez que ces deux disciplines sont inextricablement liées. Le graphiste fait appel à l'illustrateur, même si ce n'est que de façon occasionnelle ; tandis que l'illustrateur reçoit la commande et, suivant les instructions du graphiste, propose le visuel qui devra satisfaire le client. Dans le meilleur des cas, la relation entre graphiste et illustrateur est un partenariat, mais temporaire : c'est l'association de deux esprits créatifs habitués à répondre à des commandes commerciales, si possible de façon talentueuse et originale. Mais comme la plupart des associations, cette relation a besoin d'une communication claire et d'une confiance mutuelle. Mon but est d'encourager la compréhension et les relations productives entre futurs professionnels, et c'est pourquoi ce livre s'adresse aux deux « camps ».

Ma propre expérience couvre les deux disciplines : j'ai travaillé (brièvement il est vrai) comme graphiste, puis pendant plus de vingt ans comme agent d'un illustrateur, avec des commanditaires des secteurs de la conception graphique, de l'édition, de la publicité et du design d'objets. J'ai parallèlement mené une carrière de consultante en portfolios pour l'Association des illustrateurs de Londres. Grâce à mon activité, j'ai pu acquérir une vision équilibrée de ce que les employeurs et commanditaires attendent des graphistes et des illustrateurs, ainsi qu'une bonne connaissance des multiples transformations du marché.

C'est pourquoi ce livre est vraiment destiné à toute personne qui envisage sérieusement une carrière dans la création graphique ou l'illustration, ou dans l'un des nombreux domaines de convergence entre ces deux disciplines. En partageant mon expérience et celle des nombreux graphistes et illustrateurs qui ont si généreusement contribué à cet ouvrage, mon intention est de vous aider à réussir dans le métier créatif que vous avez choisi.

Dans les pages qui suivent, vous trouverez non seulement des conseils sur la façon de constituer un très bon portfolio qui reflète parfaitement votre travail, mais également un tour d'horizon des domaines et marchés accessibles de nos jours aux graphistes et aux illustrateurs. Tout au long du livre, des citations de grands professionnels de divers secteurs vous donneront de précieux conseils, tout en révélant la variété des opinions que vous serez amené à rencontrer. Et, bien sûr, de très nombreux exemples guideront vos pas sur ce chemin.

Un peu de vocabulaire

J'aimerais attirer votre attention sur un adjectif assez controversé, utilisé dans cette introduction, à savoir « commercial ». Je ne me souviens que trop de la connotation péjorative de ce mot à l'époque où, étudiante graphiste, je ne pensais qu'à prendre mes distances avec l'environnement professionnel de mon père, la publicité. Je rencontre aujourd'hui suffisamment d'étudiants graphistes et illustrateurs pour me rendre compte que rien n'a changé dans ce domaine. Donc, comme j'ai l'intention d'utiliser le mot honni dans ce livre, je tiens à écarter dès le départ toute erreur d'interprétation.

Quand j'utilise cette petite épithète explosive, voici ce que je ne sous-entends pas : banalité, manque d'intérêt artistique, prostitution créative, autrement dit la vente de son âme au « diable entreprise » ; ou encore, le ticket cynique et grossier pour n'importe quel train, pourvu qu'il soit celui de la dernière tendance. Je ne fais pas non plus forcément référence aux compositions graphiques ou aux illustrations créées pour la publicité. Bien que j'admette volontiers que les productions relevant de ces catégories puissent être qualifiées de « commerciales », ce que je veux dire quand j'emploie ce mot, c'est que le travail réalisé correspond aux besoins du marché à un moment donné ; en d'autres termes, que s'il existe une demande pour ce que vous créez dans votre domaine de compétence, votre création graphique ou votre illustration sera jugée (du moins par moi) « commerciale ». C'est une réalité incontournable : la communication visuelle impose de rencontrer un marché.

Autre point de terminologie : comme la plupart des conseils contenus dans ce livre s'adressent aussi bien aux graphistes qu'aux illustrateurs, j'utilise souvent le mot « professionnel » ou « créatif », réservant l'appellation spécifique aux cas où elle est pertinente.

1

Qu’est-ce qu’un portfolio ?

Pour faire simple, un portfolio est un objet, physique ou virtuel, servant à présenter des travaux. On parle aussi de « book ». Suivant l’expérience d’un graphiste ou d’un illustrateur, ce portfolio peut prendre différentes formes. Il existe néanmoins une constante : étant donné que les attentes des professeurs et celles des employeurs ne sont pas les mêmes, la taille, le contenu et le format d’un portfolio vont probablement subir d’importants changements lorsque l’étudiant cèdera la place au professionnel. Ce chapitre fournit les bases qui vous permettront de constituer le meilleur portfolio possible en fonction du marché ciblé, et d’en faire un outil efficace et adapté à vos besoins.

Ci-contre (de haut en bas et de gauche à droite) : trois exemples d’erreurs classiques, de celles qu’il faut éviter quand on présente son travail à un employeur ou un commanditaire ; bien plus professionnel, un album spiralé Pampa Spiral avec des pochettes en polypropylène ou en polyester ; autre choix fiable et judicieux : un classeur Mapac à anneaux, équipé d’une fermeture à glissière (montré ici ouvert et fermé) ; il est également possible de présenter ses travaux, numériques ou non, en ligne, via un PC ou un Mac, portable (Acer) ou de bureau (Apple Mac Pro).

Ci-contre : ces études et ces dessins d'après modèle vivant font partie d'un portfolio bien fourni qui a permis à une étudiante en communication graphique d'intégrer le cursus qui l'intéressait. Un carnet de croquis (en haut) peut accompagner un portfolio plus complet de travaux (en bas).

Le portfolio de l'étudiant

Au départ, la plupart des écoles d'art recherchent les mêmes qualités chez les étudiants qu'elles sélectionnent. À l'entrée en première année, les membres du jury souhaitent voir des travaux variés : croquis, dessins de modèles vivants, créations personnelles, ainsi que des projets réalisés au lycée. Même à ce stade précoce, on attend des futurs étudiants manifestant un intérêt pour la conception graphique un certain talent pour juxtaposer du texte et des images, tandis que les futurs illustrateurs doivent montrer de solides qualités de dessinateur et un bon sens des couleurs. Il est vivement recommandé de s'essayer à plusieurs disciplines : peinture, photographie, impression, à l'aide de techniques traditionnelles ou numériques. De même, les écoles recherchent des personnes à l'esprit ouvert et prêtes à explorer diverses voies créatives. Toutefois, montrer l'étendue de son travail ne veut pas dire inclure aveuglément tout et n'importe quoi dans le vague espoir que quelqu'un, un jour, puisse apprécier telle ou telle de vos créations. Votre capacité à faire le tri entre vos travaux les plus réussis et ceux qui le sont moins sera également examinée de près et continuera de l'être après vos études, alors autant commencer tout de suite.

Quant au nombre d'éléments à inclure, il n'est pas possible de donner un chiffre précis : mieux vaut vous fier à votre propre jugement en prenant soin de montrer le plus de variété possible.

À ce stade, un portfolio n'est guère plus qu'une boîte dans laquelle vous transportez votre travail. Étant donné que vous allez très probablement y inclure des originaux, dont certains peuvent être de grandes dimensions, mieux vaut prévoir un format A1, avec ou sans pochettes en plastique. Outre votre propre personnalité créative, le portfolio doit également refléter les instructions spécifiques de l'école concernant le montage et la présentation. Certaines institutions sont plus exigeantes que d'autres à ce sujet. Néanmoins, des échantillons présentés avec soin, assemblés avec un goût assumé et selon un ordre logique, font toujours bonne impression.

Les étudiants visant un diplôme de niveau licence en conception graphique ou en illustration sont censés manifester une nette préférence pour la discipline qu'ils ont choisie, tout en restant ouverts aux autres domaines enseignés ainsi qu'à la prise de risque : le « confort » créatif est une impasse. Quelle que soit la discipline à laquelle vous souhaitez consacrer l'essentiel de vos efforts, l'accent sera toujours mis sur la capacité à conceptualiser et à proposer des visuels efficaces, d'où l'importance accordée au dessin sous toutes ses formes. De même, les projets que vous avez menés à bien de votre propre initiative seront considérés comme une preuve de votre implication et de votre motivation.

En tant que professionnel, les entretiens et les présentations feront partie de votre vie quotidienne. Aussi, bien que cela ne concerne pas directement le portfolio, votre façon d'écrire et de vous exprimer oralement peut augmenter vos chances d'être accepté dans un cursus, surtout si l'école choisie est très demandée (en particulier les écoles publiques). On souhaitera aussi, vraisemblablement, que vous connaissiez les professionnels réputés de votre domaine. De toute façon, vous y avez intérêt, ne serait-ce que parce qu'il est toujours bon d'avoir un œil sur la concurrence. En outre, cela prouvera aux personnes chargées d'examiner votre candidature que vous êtes passionné par votre discipline et que votre décision de poursuivre ces études est motivée et réfléchie. Un bon point pour vous si l'école croule sous les demandes.

Les candidats à un diplôme de niveau master doivent présenter un portfolio assez différent, dans un certain sens plus proche de celui qu'ils pourraient montrer à un potentiel employeur ou commanditaire. Le contenu est censé refléter une confiance en soi et une culture visuelle issues d'une grande familiarité avec la discipline choisie par l'étudiant. Mais à ce niveau, le mieux est l'ennemi du bien, aussi votre sens critique doit-il encore et toujours s'exercer. Les portfolios seront souvent de format plus petit que ceux des étudiants entrant en première année et, bien que les carnets de croquis ou d'études soient toujours aussi importants, un choix plus restreint (disons dix à douze travaux aboutis) sera plus efficace qu'une sélection plus vaste de travaux dont vous n'êtes pas très sûr. Essayez de choisir des exemples qui reflètent le mieux votre façon propre de répondre visuellement à un sujet ou de créer des images.

La maturité est ici un facteur essentiel. En France, la plupart des cursus de formation en art graphique et illustration amènent les étudiants à effectuer un ou plusieurs stage(s) professionnel(s) avant le passage du diplôme de niveau master. Les capacités de communication orale sont également de toute première importance. Vous devez connaître les débats en cours parmi les acteurs et les leaders du secteur et – même si vous manquez encore d'expérience professionnelle – votre portfolio doit refléter clairement votre conscience des enjeux et des pratiques qui font l'actualité de votre domaine d'activité. Cette conscience vous permet d'identifier concrètement vos objectifs et les domaines spécifiques que vous souhaitez explorer et développer.

«Ce que j'attends, c'est un ensemble de dessins d'après nature, des carnets de croquis montrant la genèse et le développement des idées de l'illustrateur, un jeu d'illustrations abouties en réponse à des textes spécifiques (accompagnées d'éléments de travail tels que croquis et planches d'études). J'aime également voir des illustrations imprimées ou intégrées à une publication.»

Jonathan Gibbs, Directeur de cours, BA Illustration,
Edinburgh College of Art, Royaume-Uni

«En présence d'un portfolio chaotique, je m'inquiète de la capacité de la personne à s'organiser et à rendre un travail dans les temps.»

Jonathan Christie, Directeur artistique, Conran Octopus

Ci-dessous : Plusieurs exemples de boîtes portfolios, particulièrement utiles pour les travaux fragiles. Ils sont fabriqués par l'entreprise américaine Archival Methods.

Pages suivantes : Extraits du portfolio du graphiste londonien Matt West, créateur de l'entreprise unipersonnelle Two Seventy. Comme le montre clairement son portfolio, Matt, créateur indépendant, aborde différentes disciplines, telles qu'identité de marque, conception éditoriale, web et typographique.

Le portfolio du professionnel

Même si vous avez brillamment réussi vos examens, votre portfolio devra inévitablement être retravaillé pour correspondre à un niveau d'exigence professionnelle. Encore une fois, les enseignants des écoles d'art et les employeurs ont des vues très différentes lorsqu'il s'agit d'en évaluer le contenu. Dans le but de développer vos compétences et votre imagination, l'environnement scolaire vous a offert beaucoup de liberté pour expérimenter, et vos déconvenues – vos échecs mêmes – vous ont servi à identifier vos points forts. Ceux qui avaient pour mission de les faire fructifier se préoccupaient avant tout de votre développement, tandis que les employeurs potentiels s'intéressent d'abord au résultat final. Ils n'ont pas besoin de voir les travaux témoignant des erreurs qui vous ont aidé à progresser. Après tout vous êtes là pour inspirer confiance, et non le doute que ne manquerait pas de susciter un portfolio de valeur inégale. Le monde professionnel est à la recherche de qualité, de cohérence, de concentration et d'enthousiasme, autrement dit, « d'employabilité ».

Il n'existe pas de normes établies pour réaliser un portfolio professionnel, bien que certaines écoles donnent des conseils concernant la taille, le format, le nombre de travaux, la présence ou non de croquis, les techniques de montage, etc. D'autres se contentent de recommandations, mais la plupart préfèrent laisser ces décisions à l'appréciation du futur diplômé. N'oubliez pas toutefois que les portfolios de grande taille peuvent se révéler peu pratiques, et que les dimensions de certains travaux gagnent souvent à être réduites.

Hormis les aspects physiques de la présentation, il est essentiel de trouver un équilibre entre les exigences de la pratique professionnelle et l'expression personnelle. Il arrive que des projets d'école briment la créativité du futur professionnel en cherchant à reproduire les contraintes budgétaires et temporelles du monde du travail. À l'inverse, des projets très personnels et fouillés, très éloignés de ce que le graphiste ou l'illustrateur professionnel est amené à produire dans « la vraie vie », peuvent déboucher sur un portfolio répétitif ou à faible valeur commerciale. Si les employeurs sont le plus souvent prêts à tenir compte du manque d'expérience, un ensemble de travaux complètement hors sujet est susceptible de les déconcerter, de les ennuyer, voire de les agacer, compromettant ainsi toutes vos chances.

Pour réussir dans un marché très concurrentiel, il est important que votre portfolio corresponde exactement aux besoins de la cible choisie. Sauf dans le cas d'un diplôme très spécialisé (par exemple en illustration médicale), il est vraisemblable que votre portfolio de fin d'études – de graphiste comme d'illustrateur – comporte un peu de tout. Il est important de décider lequel des domaines abordés au cours de vos études vous intéresse le plus, puis d'éliminer tout ce qui ne correspond pas à votre choix et de le remplacer par de nouveaux travaux plus adaptés.

Plusieurs facteurs vont influencer le contenu précis de votre portfolio. Si, par exemple, vous êtes graphiste et que vous souhaitez vivre à la campagne ou dans une petite ville, les entreprises locales seront moins nombreuses et donc, plus généralistes : il faut donc que votre portfolio montre votre capacité à travailler sur des sujets très variés. Inversement, si vous envisagez d'habiter dans une grande ville où les agences de création sont légion, il est probable que certaines seront plus spécialisées. S'agissant de spécialisation, si vous en avez une en tête (par exemple, le packaging ou la littérature jeunesse), il vous faudra un certain nombre de travaux identifiant clairement votre profil et vos intentions professionnelles.

Certaines écoles enseignent mieux que d'autres à leurs étudiants l'art et la manière de se vendre. Ainsi, malgré l'importance grandissante du « tout numérique » dans le monde actuel, j'ai été surprise de constater au cours des recherches effectuées pour ce livre, que les programmes de licence ne comportaient pas tous un cours de création de site personnel. Bien que le site web ne soit pas encore considéré par tous les acteurs de la profession comme une nécessité absolue, il vaut mieux le considérer comme tel. Outil incontournable d'autopromotion, il doit être considéré comme une extension de votre portfolio. Parmi les outils complémentaires, le CV (voir page 121) doit être abordé comme n'importe quel autre travail de création. Vous aurez peu de chances de convaincre un grand directeur artistique de votre génie typographique avec un CV mal espacé, plein de fautes d'orthographe et photocopié à la hâte sur du papier de mauvaise qualité. Il doit au contraire être grammaticalement impeccable, typographiquement irréprochable et imprimé sur du papier de bonne qualité.

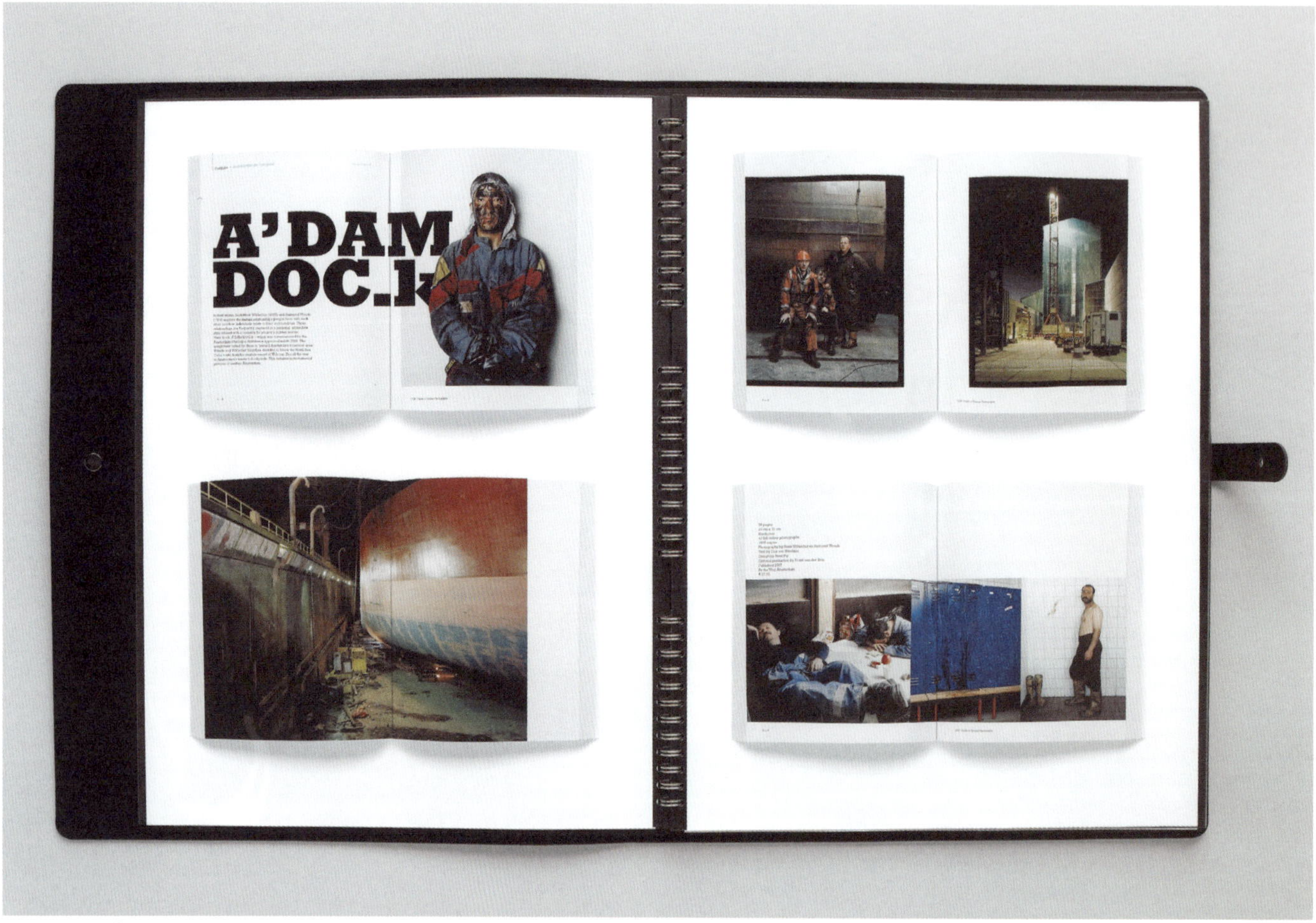
A'DAM
DOC.k

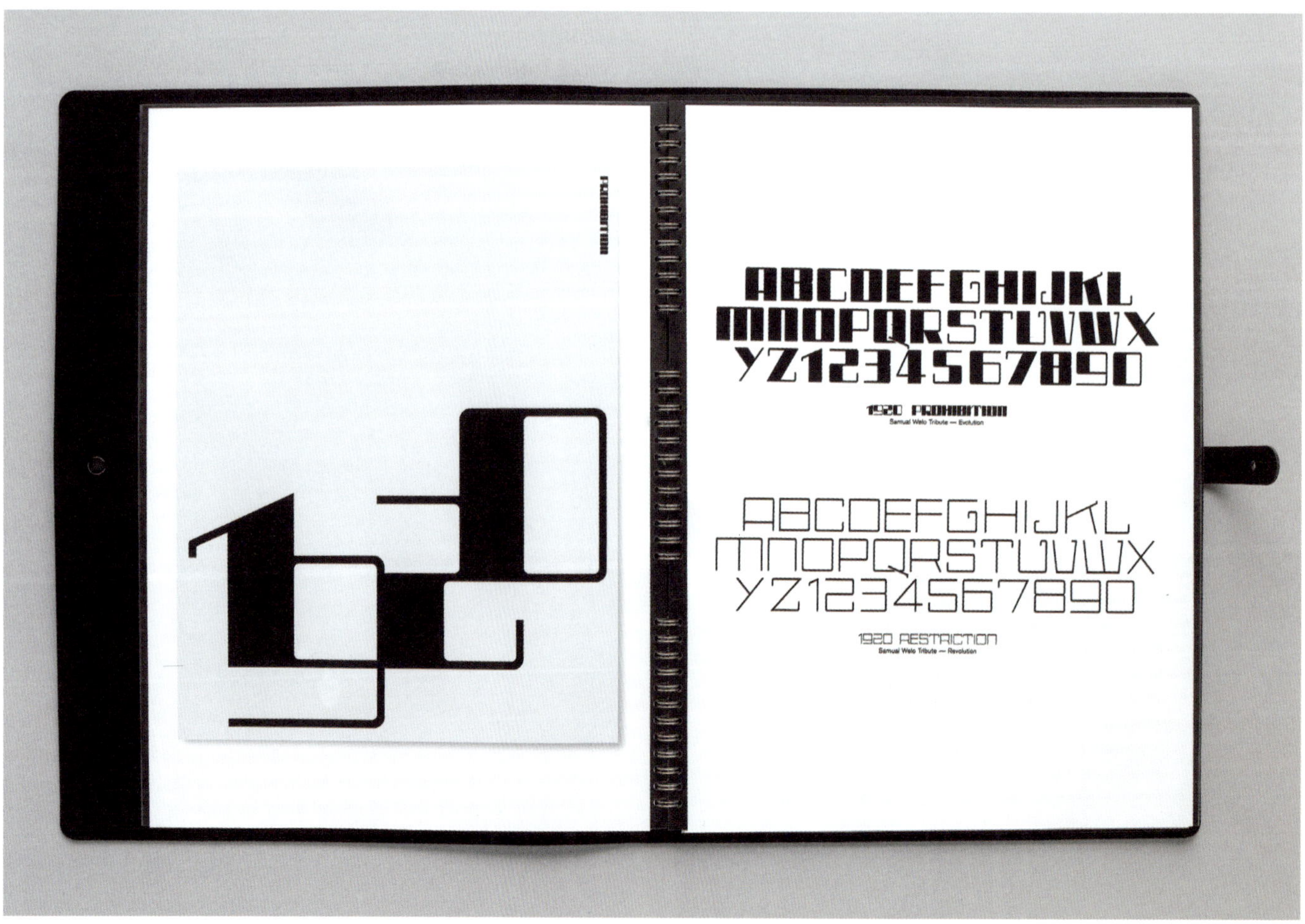
ABCDEFGHIJKL
MNOPQRSTUVWX
YZ1234567890
1920 PROHIBITION
ABCDEFGHIJKL
MNOPQRSTUVWX
YZ1234567890
1920 RESTRICTION

one of
thirty
three
You are invited to...
Street Success
25th Sept. 2008
Home · Artists · Shows · Shop · About 33 · Contact
Next show...
Street Success
25th Sept. 2008
1. John Burgerman
On The Corner

autobob
INDEPENDENT BMW & MINI
SERVICE & REPAIR SPECIALIST
Home About us Contact/Find us
MINI
BMW pricing – select your series
1 3 5 6 7 8 Z X M
MINI pricing
autobob
Home About us Contact/Find us Open 8am to 6pm
autobob, the experienced and inexpensive independent BMW & MINI service specialist.
Our aim is to offer a personal alternative to main dealer servicing as we have realized that the cost, level of service and customer focus have fallen short in the main dealer network.
With over 20 years experience in the BMW dealer network our technician's are ATA qualified to BMW's high standard and in our fully equipped workshop we are commited to give you BMW quality workmanship at a fraction of the main dealer price.
All our work is carried out to main dealer specifications using genuine parts or parts of a comparative quality and no extra work is carried out until authorised by the customer.
BMW pricing – select your series
1 3 5 6 7 8 Z X M
autobob
INDEPENDENT BMW & MINI
SERVICE & REPAIR SPECIALIST
Home About us Contact/Find us
BMW Z series
BMW pricing – select your series
1 3 5 6 7 8 Z X M
MINI pricing

Le portfolio du graphiste

Comme je l'ai déjà évoqué, si vous ambitionnez de travailler dans un secteur ou une discipline en particulier, votre portfolio doit refléter vos intentions, surtout si vous recherchez un emploi salarié. Un responsable de magazine souhaitera voir un nombre suffisant de doubles pages, tandis qu'une agence de publicité s'attendra à un portfolio débordant d'idées publicitaires percutantes. Si l'enseignement que vous avez suivi était plutôt généraliste, vous devrez sérieusement explorer par vous-même le domaine envisagé, puis vous demander honnêtement s'il vous convient vraiment (en termes de personnalité autant que de talent : si vous redoutez les rythmes de travail effrénés et les délais impossibles, mieux vaut envisager une carrière dans l'édition que dans l'environnement survolté d'un quotidien). L'étape suivante consistera à rassembler des travaux chargés de présenter à votre futur employeur vos ambitions et vos aptitudes.

« Bien souvent, un « style perso » est un point faible. La touche personnelle est certes une bonne chose, mais nous ne sommes pas un « studio de style » et nous devons être capables de trouver de nombreuses solutions techniques et stylistiques différentes pour nos clients. La diversité est un facteur important. »

Judy Wellfare, Directrice de création, Plus et Plus

Même si vous êtes à la recherche d'un travail généraliste et varié, il est possible d'adapter votre présentation aux besoins d'un employeur spécialisé. Que vous répondiez à une offre d'emploi dans la publicité ou que vous fassiez une tentative auprès d'une agence de design, il est important d'avoir une idée des valeurs de l'entreprise et du genre de travail qui s'y pratique, sinon vous risquez d'avoir du mal à trouver des arguments pour les convaincre de vous embaucher. Pour vous vendre de façon efficace, il est essentiel de trouver des points communs entre vous et l'entreprise. Approuvez-vous la façon particulière qu'a cette agence de répondre aux commandes ou partagez-vous sa passion pour la typographie ? Avez-vous une envie motivée par les annonceurs qui lui font confiance ? Êtes-vous éventuellement un as du logiciel indispensable à un domaine qu'ils aimeraient développer ?

Ce même talent pour la communication orale qui vous a permis d'accéder à l'école de votre choix est également apprécié par l'employeur potentiel. Vous devez être capable de lui expliquer la conception, le développement et la finalisation de chacun des projets de votre portfolio. Démontrez dans le même temps que vous partagez sa vision, en ayant soin de mettre en avant vos compétences.

« Dans l'édition, il est très important de savoir créer en fonction d'un objectif, d'adapter son style à des genres variés – par exemple au roman policier ou à la love story façon Harlequin. Pour moi, cette souplesse est plus importante que le style. »

Richard Ogle, Directeur artistique, Random House

L'attention que vous portez aux détails impressionnera tout autant que vos remarquables talents de typographe, votre sens de la composition ou votre capacité à conceptualiser un projet. Les employeurs souhaiteront également que vous soyez qualifié sur le plan technique : ne vous portez pas candidat à un poste de concepteur web si vous ne connaissez pas Dreamweaver, à moins que le poste ne prévoie une formation à ce logiciel. Enfin la polyvalence, même à l'intérieur d'une spécialité, est généralement considérée comme une grande qualité. Bien que certains employeurs puissent être impressionnés par des créateurs dotés d'un style personnel fort et repérable, la plupart y voient un handicap. Les clients, en règle générale, préfèrent que le travail soit vraiment adapté à leurs besoins. Un créateur doit donc être souple, capable de répondre aux briefs des différents clients en fonction de leurs besoins particuliers. C'est pourquoi, lorsque vous postulez à un emploi de créatif, il est judicieux de présenter des travaux qui démontrent votre capacité à décliner une idée (par exemple, en appliquant un logo à différents supports, au-delà de la carte de visite ou du papier à en-tête traditionnels). De même, pensez à multiplier les connaissances techniques présentées dans votre portfolio. Même chose si vous vous destinez à une carrière d'indépendant : si votre portfolio démontre que vous êtes capable de créer à la fois pour l'impression, les médias numériques et/ou interactifs, vous décrocherez des contrats plus nombreux et plus variés.

Pages suivantes : Andy Smith, illustrateur aux multiples compétences, préfère la boîte portfolio. Pour présenter ses travaux, il en possède une dédiée à son travail typographique (à gauche) et une autre à ses illustrations (à droite).

Le portfolio de l'illustrateur

En dehors de quelques secteurs d'activité comme le développement de jeux vidéo, les postes d'illustrateurs en interne sont devenus rares. C'est pourquoi la plupart d'entre eux sont indépendants et doivent pouvoir séduire une base de clientèle la plus large possible.

« Je n'emploie pas d'illustrateurs en interne. Cela me donne la possibilité de sous-traiter une grande variété d'illustrations, sans être limité au style d'un seul illustrateur ou graphiste maison. Je considère l'illustration comme une discipline à part entière. »

Alison Lawn, Directrice artistique, *New Scientist*

La façon de parvenir à cet objectif dépend largement de votre situation géographique. Si vous vivez à la campagne ou dans une petite ville où la demande d'illustrations est importante et le nombre d'illustrateurs réduit, un portfolio au contenu très varié vous permettra de travailler pour davantage de clients. Mais si vous vivez dans une grande ville, où le nombre d'illustrateurs dépasse de loin celui des commandes – une ville comme Paris ou Londres – mieux vaut vous cantonner à un (ou deux, en tout cas pas plus de trois) styles distinctifs, appliqués à une grande variété de sujets. De même, vous pouvez vous éloigner des idées reçues : il n'y a aucune raison, par exemple, pour que le même style illustratif ne puisse pas s'appliquer à des supports et des domaines d'application variés : narration, décoration, information, etc.

C'est une chose que j'ai très vite apprise à mes débuts comme agent d'illustrateurs à Londres. J'ai eu en effet la chance de représenter l'illustrateur australien Jeff Fisher lorsqu'il débarqua au Royaume-Uni. Malgré la taille du pays, le secteur de l'illustration est bien moins développé en Australie qu'en Grande-Bretagne, ce qui explique qu'il ait pu jusque là développer un style très original et varié, et répondre très librement aux commandes. Il a ainsi réalisé un nombre non négligeable de travaux alimentaires qui, s'il avait été basé à Londres dès le départ, n'auraient jamais été confiés à un illustrateur au style aussi foisonnant et multiple. Sans me rendre compte que la présentation d'un travail aussi original risquait de dérouter mes clients, j'entrepris immédiatement d'épater ceux d'entre eux qui, d'après moi, étaient les plus curieux. La réponse ne se fit pas attendre : « Quel style aurons-nous en définitive ? » Il pouvait sembler évident de leur suggérer de choisir simplement leur style préféré, mais ayant l'embarras du choix, pourquoi auraient-ils pris le risque de se retrouver finalement avec un style différent ?

Plus l'offre d'illustrateurs est importante, plus les clients peuvent se permettre d'être exigeants. En montrant trop de styles différents à un client difficile, vous introduisez un élément de doute néfaste à votre carrière : vous risquez en effet de paraître capricieux et instable plutôt que constant et fiable. Sauf si vous vous destinez aux secteurs du textile, de la carte de vœux ou de l'objet décoratif, où la réinvention stylistique permanente est une nécessité, il est préférable de vous concentrer sur ce que vous faites le mieux plutôt que d'essayer de plaire à tous les clients. Du reste, les individus aux talents multiples, à la créativité bouillonnante et incapables de se limiter à un style particulier ont tout intérêt, pour vendre leur travail de façon efficace, à préparer plusieurs portfolios destinés aux différents types de commandes.

« Ce que je cherche, c'est un ton personnel, un vrai sens de la conception (de la composition en fait), quelque chose d'intangible qui me fait penser que je n'aurais jamais pu créer cette image moi-même. Il est toujours possible de régler les questions de logistique et de délais, mais une image réussie ne se résume jamais à la simple résolution d'un problème. »

Jonathan Christie, Directeur artistique, Conran Octopus

MICHEL CIMENT
NICOLAS KLOTZ
CATHERINE BREILLAT
JEAN-MICHEL FRODON
EUGENE GREEN
AGNES VARDA
LE CINEMA FRANÇAIS
THE LEGACY OF '68
Phut!
Phut!
K-CHUPK-CHUP
BOMF
PLONK
PLONK
LISTEN TO THE ENGINE, NOT THE RADIO.
If it sounds a bit funny, it could be a sign of trouble. For thousands of cars and advice on finding the right one, visit fish4cars.co.uk
fish4cars.co.uk

Vendredi
20 Juin 2008
20H
La Bellevilloise
19, Rue Boyer
75020 Paris
Kawaii
&
Orouni
www.labellevilloise.com
www.myspace.com/orouni
www.myspace.com/kawaiimusic
Gratuit
Ah!
si tout était
aussi
facile
que chez
McDONALD'S

Etos
3 COLOUR MONSTER

BLUE MOOSE

Le portfolio pluridisciplinaire

Au risque d'enfoncer des portes ouvertes, rappelons qu'être un professionnel pluridisciplinaire ne veut pas dire posséder vingt-cinq styles illustratifs ou graphiques pour tous les médias, imprimés ou virtuels. Il s'agit de combiner plusieurs disciplines : par exemple, une graphiste/photographe qui expose dans des galeries et crée sa propre ligne de vêtements, ou un illustrateur qui travaille comme directeur artistique et/ou se consacre à l'animation. Si vous êtes dans ce cas, vous constaterez qu'employeurs et commanditaires peuvent aussi bien être déroutés par votre polyvalence que vous accueillir à bras ouverts. Encore une fois, il est impératif d'effectuer un travail de préparation afin d'adapter le style ou l'ordre des travaux montrés lors de l'entretien.

« [Une approche pluridisciplinaire] prouve une certaine souplesse. Airside travaille sur plusieurs médias, aussi nous apprécions les professionnels qui en sont également capables. »

Anne Brassier, RP et nouveaux marchés, Airside

Certains employeurs sont plus visionnaires et larges d'esprit que d'autres. Certaines agences de création graphique, par exemple, embaucheront plus volontiers une personne qui a plusieurs cordes à son arc. À l'inverse, d'autres ont une approche plus cadrée concernant leur personnel interne, préférant faire appel à des prestataires indépendants en cas de besoin. De même, certains créateurs de couvertures de livres adorent les illustrateurs qui s'y connaissent en typographie, tandis qu'un directeur de publication ou un directeur artistique disposant d'une équipe de maquettistes trouvera déplacé, voire inintéressant, un portfolio d'illustrateur trop varié à son goût en exemples de conception graphique. J'ai même un jour interrogé à ce sujet un directeur de publication qui manifestait une nette préférence pour les spécialistes quand il embauchait du personnel en interne, et un grand enthousiasme pour les portfolios pluridisciplinaires quand il confiait du travail à des illustrateurs indépendants.

Jusqu'à une époque relativement récente, les créatifs polyvalents avaient de meilleures chances d'utiliser leurs multiples talents en free-lance, mais le secteur est en train de changer et de nouvelles façons de travailler sont apparues. Les créatifs à cheval sur plusieurs disciplines commencent à se regrouper, partageant leurs ressources pour former des studios de création collectifs et hybrides. Des artistes et créatifs auparavant relégués à la marge du système sont aujourd'hui intégrés au marché de la création. Les dessinateurs de fanzines, les graffeurs, les créateurs de figurines en vinyle, les concepteurs de jeux vidéo, les décorateurs de planches de skateboard et tous ceux dont la pratique du dessin est apparentée à la culture alternative sont très recherchés par les clients désireux de se rapprocher du jeune public. En fait, les plus audacieux parmi ces derniers en viennent à se passer des agences traditionnelles, préférant approcher directement les artistes et les collectifs dans l'espoir d'obtenir quelque chose de novateur (et souvent de moins cher). Les agences d'illustration, elles aussi, commencent à représenter des professionnels et des collaborateurs pluridisciplinaires en réponse à la demande de certains de leurs clients cherchant à s'éloigner des pratiques artistiques traditionnelles.

« Cela dépend de plusieurs facteurs : comment le travail est présenté, quel est le degré d'expérience du créatif (est-il capable d'expliquer sa décision de présenter un ensemble de travaux pluridisciplinaires ? Est-il capable de rassembler les différents aspects de son travail en un tout cohérent ?). Je pense que la plupart des jeunes graphistes peuvent améliorer leur employabilité en diversifiant leurs compétences – à condition de ne pas se disperser. »

Doug Powell, Directeur de la création, Schwartz Powell Design

Dans ces conditions, il n'est pas surprenant qu'en matière de présentation, il n'existe pas encore de règles bien précises pour le créatif pluridisciplinaire. Toutefois, étant donné la complexité croissante du marché et la rapidité de son évolution, la flexibilité semble une absolue nécessité. La solution la plus simple consiste sans doute à créer plusieurs portfolios, ou à diviser le vôtre en différentes sections dédiées aux multiples aspects de votre activité créative. Tout dépend en fait de l'ouverture d'esprit de votre interlocuteur et de la nature du poste que vous briguez. En cas de doute, mieux vaut vous renseigner.

Résumé
Qu'est-ce qu'un portfolio ?

1.

Un portfolio sert à présenter des travaux. Il prend différentes formes selon l'expérience du graphiste ou de l'illustrateur.

2.

Le portfolio de l'étudiant qui souhaite intégrer une école d'art doit présenter au jury la diversité de ses travaux et refléter sa capacité à développer une pratique conceptuelle et technique de l'image. Un portfolio de niveau master est plus sophistiqué et proche de celui qui sera présenté à un employeur ou à un client potentiel.

3.

Le portfolio d'un professionnel doit trouver un équilibre entre l'expression personnelle et les besoins du marché de la création. Un site web doit être considéré comme une extension du portfolio.

4.

Le portfolio d'un graphiste doit être adapté aux exigences de l'employeur potentiel et démontrer clairement les aptitudes du graphiste.

5.

Le portfolio d'un illustrateur doit pouvoir séduire une grande variété de clients, dans la mesure où la plupart des illustrateurs travaillent en free-lance. Lorsque la concurrence est faible, il est bon de montrer une grande variété de styles. En revanche, dans un environnement plus concurrentiel, l'illustrateur doit développer un style fort, aisément identifiable et l'appliquer à une grande variété de sujets.

6.

Un portfolio pluridisciplinaire est susceptible de séduire les clients les plus visionnaires et larges d'esprit, ainsi que ceux qui souhaitent toucher le jeune public. Les professionnels pluridisciplinaires doivent faire preuve de souplesse dans la présentation de leurs travaux et peuvent être amenés à créer plusieurs portfolios.

Who did You say Judged this Year?
Pizza Hut

2

Comprendre le marché

Avant de décider qui approcher dans votre recherche de travail, il faut vous familiariser avec les différents secteurs du marché de la création. Vous devez en effet connaître les principaux domaines du secteur, les emplois qu'ils offrent et comment fonctionnent leurs processus de commande. Avant de commencer la réalisation de votre portfolio, vous devez savoir quelles compétences les employeurs ou clients potentiels exigent en matière de conception graphique ou d'illustration. Tous ces éléments sont généralement découverts « sur le tas » par les professionnels, parfois à leurs dépens ou trop tard. Ce chapitre a pour but de vous mettre sur la bonne voie dès le départ.

Ci-contre : Installation illustrée de Le Gun pour les D&AD Awards, commandée par Studio8 Design et exposée in situ au London's Royal Festival Hall où s'est déroulée la cérémonie de remise des récompenses (voir page 31).

« Quand j'embauche un graphiste débutant, le fait qu'il ait déjà une première expérience dans un environnement professionnel est un plus, mais ce n'est pas obligatoire. »

Doug Powell, Directeur de la création, Schwartz Powell Design

Ci-dessous : Outre les emballages de produits alimentaires, la musique fait partie des attributions du concepteur de packaging, que ce soit pour des objets individuels ou comme élément d'un projet plus important d'identité de marque. Cette composition, ainsi que le logo, ont été créés par Non-Format pour la sortie en 2007 chez Lo Recordings de *Jean-Jacques Perrey and Luke Vibert Present Moog Acid*. La surprenante police de caractères complète les maquettes et les photographies de Dan McPharlin.

Les studios de création

Les studios de création diffèrent sous bien des aspects. Cela va de la petite association de deux personnes qui fait appel à des indépendants en cas de besoin, jusqu'à la grande structure employant du personnel salarié et possédant des bureaux dans le monde entier. Les services offerts varient également et, par conséquent, le type de professionnels recherchés. Ainsi, certains studios ont une approche strictement typographique tandis que d'autres sont totalement versés dans l'illustration. Certains sont généralistes et pluridisciplinaires, tandis que d'autres se consacrent à certains types de clientèles, par exemple celles du divertissement ou de la mode, le secteur de l'entreprise et de la finance, ou à certaines disciplines telles que la typographie ou la conception web. Les domaines de spécialisation, qui se recoupent souvent, incluent : stratégie de marque et image d'entreprise ; communication marketing ; rapports d'entreprise ; packaging de produits ; édition ; scénographie d'expositions ; conception web et autres supports numériques. Bien que certaines agences se consacrent essentiellement à ces derniers, la création destinée à l'impression sur papier continue à dominer le marché. Papeterie, brochures, catalogues, rapports d'activité, manuels, menus, listes de tarifs, prospectus, magazines, publipostage, matériel commercial pour points de vente, etc. appartiennent tous à cette catégorie, de même que les emballages alimentaires, de cosmétiques, de CD, de DVD et autres produits basiques ou de luxe.

Le monde numérique – à l'origine de la plus grande diversité en termes de conception graphique – est votre planche de salut. Il est difficile de trouver un studio de création ne possédant pas son site web. Connectez-vous et prenez connaissance des listes de clients et des profils des équipes, et identifiez les compétences que les employeurs potentiels souhaitent voir dans un portfolio.

Identité de marque

Les entreprises spécialisées dans l'identité de marque offrent à leurs clients, outre des services de conception graphique, des conseils en développement et croissance reposant sur des études de marché intensives. Par ailleurs, leurs services de conception débordent bien souvent le simple cadre graphique. Les entreprises qui font le plus volontiers appel aux stratèges de marque appartiennent à l'industrie alimentaire, à la mode, au commerce de détail, au secteur des sports et loisirs, à la presse, aux médias audiovisuels et au secteur de l'humanitaire. Une stratégie de marque peut se limiter à la conception d'un logo pour une jeune entreprise, mais aussi inclure l'ensemble de l'identité visuelle d'une société : charte graphique, supports de communication internes et externes, décoration des espaces dévolus à la clientèle, site web, etc. Selon le type de client, la nature du travail et les spécialités requises, un consultant en stratégie de marque peut faire appel à des indépendants hors des domaines de la conception graphique ou de l'illustration, par exemple des concepteurs produits ou industriels, des réalisateurs, des architectes ou des architectes d'intérieur. Les professionnels qui envisagent une carrière dans l'identité de marque doivent donc faire preuve de souplesse et d'aptitude au travail d'équipe, mais aussi d'un grand intérêt pour la recherche et d'une passion pour la culture visuelle. Il faut également mentionner que certaines grandes entreprises, surtout dans les secteurs du commerce de détail, du divertissement et de la mode, possèdent leurs propres services de conception et leurs propres équipes de stratégie de marque.

« Le créatif polyvalent, apte au travail d'équipe, a davantage de chances de surnager et de prospérer. Il n'est pas confiné à la 2D ou à la 3D, il est à l'aise avec la création web comme avec le papier ou l'objet. Étudiez à fond les marques que vous admirez, et remontez à la source : identifiez leurs créateurs. Appelez-les et posez-leur des questions sur leur métier. Vous ne verrez jamais une offre d'emploi de « créateur de marque ». Ce n'est pas un métier, cela relève des activités de service aux entreprises. »

Susan Williamson, Consultante pour le commerce de détail, The Chambers

---

« Nous sommes une petite entreprise et nous avons besoin de personnes touche-à-tout, des gens qui ne trouvent pas anormal de préparer le café, et qui n'ont pas peur non plus de s'asseoir autour d'une table et d'exposer leurs idées. Mais nous les formons en retour et leur donnons une foule de conseils constructifs. »

Anne Brassier, RP et nouveaux marchés, Airside

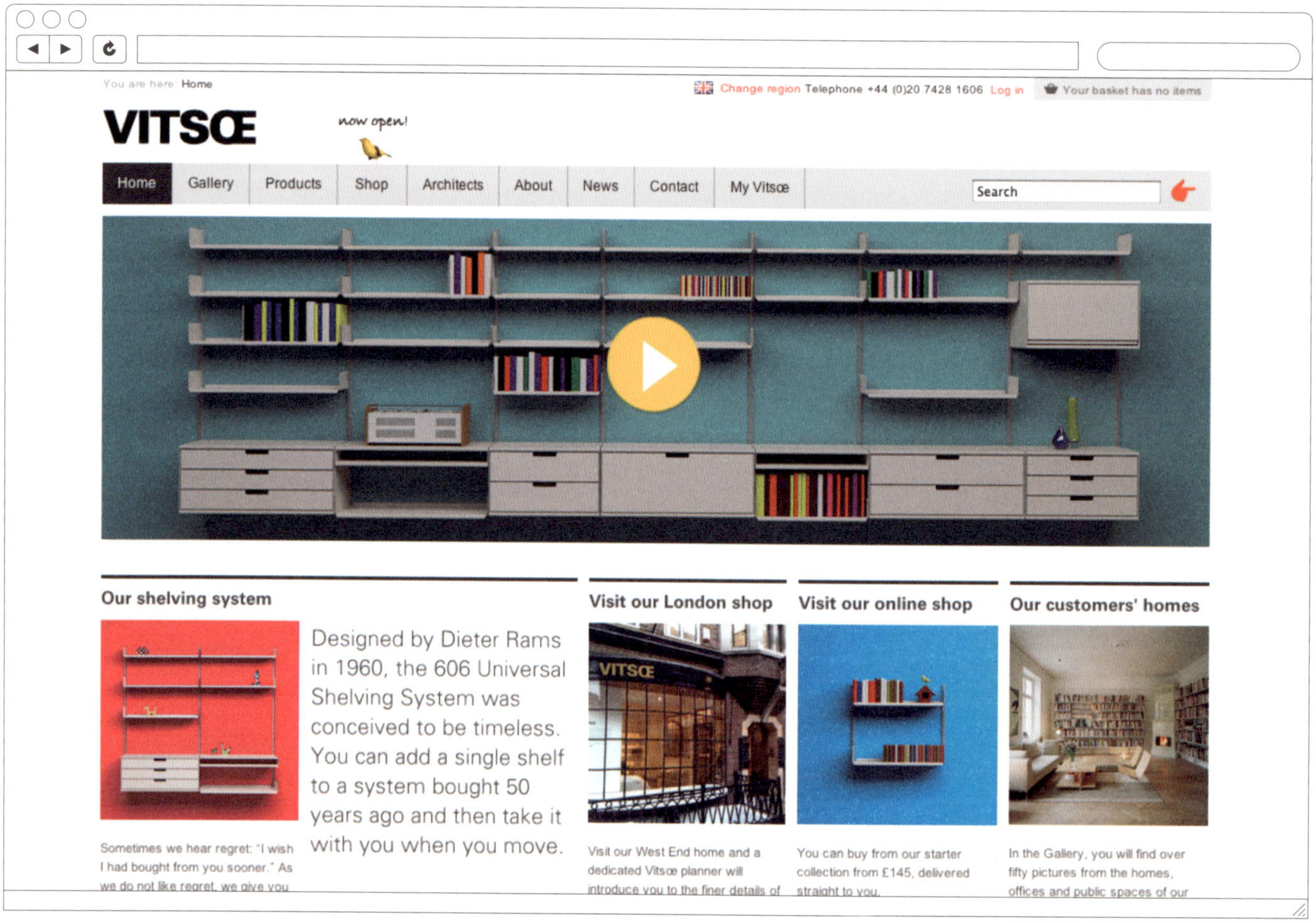

Page précédente : Lorsque le fabricant d'étagères européen Vitsœ commença à trouver démodé son site web rempli de texte, il demanda à Airside d'en créer un nouveau, destiné à attirer une nouvelle clientèle internationale. Le résultat, net et sobre, reflète parfaitement l'approche « dépouillée » de Vitsœ, et inclut un nouveau catalogue de photos et de vidéos (en haut). Les images (en bas) sont extraites d'une animation de deux minutes racontant l'histoire du système de rangement Vitsœ 606.

Ci-dessous : Le propre site web d'Airside se présente sous la forme d'une boutique, ce qui donne à l'équipe pluridisciplinaire une vitrine pour des projets plus personnels. Les animaux tricotés d'Anne Brassier (qu'elle jure avoir trouvés derrière la cabane à outils), appelés the Stitches, sont devenus des objets de collection. Certains, une fois « adoptés », ont même créé leur propre blog !

Conception web

Internet est un domaine en constante évolution ; les agences de conception numérique et multimédia sont susceptibles d'employer des graphistes pour travailler sur leur propre site et pour créer des sites web, des blogs, des bannières, des icones ou des animations flash pour leurs clients. De même, toutes sortes d'entreprises emploient du personnel chargé de concevoir et de gérer leurs sites web – le concepteur web ne travaille donc pas toujours dans un environnement strictement créatif. Bien que certaines entreprises de création de sites proposent des formations, les graphistes débutants sont censés connaître plusieurs logiciels (le plus souvent Adobe Illustrator, Photoshop, Dreamweaver et/ou Flash) et codes (en particulier HTML, DHTML, XHTML et CSS). Les concepteurs web qui souhaitent se lancer dans une carrière en free-lance doivent savoir que les salariés ont souvent des rôles plus définis et moins de responsabilités, dans la mesure où ils sont souvent affectés à la maintenance quotidienne et à l'administration du site (webmastering). Le temps passé à discuter avec le client, à télécharger les nouveaux contenus, à mettre à jour et à corriger les informations peut réduire considérablement le temps disponible pour la création proprement dite.

Conception pluridisciplinaire

Les entreprises généralistes apprécient généralement les graphistes capables de travailler dans plusieurs disciplines. Il s'agit surtout de petites agences, dont les petits budgets favorisent une autre division du travail et la diversification de l'activité de chacun (ainsi, une agence pour laquelle j'ai travaillé a parfois fait appel à mes talents de rédactrice). De même, celles qui ont peu de concurrence, par exemple une agence de création basée dans une petite ville, auront probablement des clients beaucoup plus variés que des agences hyperspécialisées installées dans une grande métropole – et exigeront donc de leurs graphistes un répertoire bien plus vaste pour pouvoir répondre à leurs besoins. Ainsi les talents d'illustrateur ou de photographe d'un graphiste pourront être utilisés en fonction des projets (parfois même en dehors des heures de travail). Mais les grandes entreprises, habituées à travailler pour de gros clients, ou les agences disposant de budgets élevés, préfèrent en général que leurs graphistes se concentrent sur leur domaine de création. Chaque groupe, studio, agence, travaille différemment et il est impossible de connaître leurs exigences sauf si ces dernières sont clairement indiquées dans une offre d'emploi – ou bien sûr si vous posez la question. Alors n'hésitez pas à demander !

« L'un des premiers employés d'Airside a été recruté dès sa sortie de l'école. Il sortait du lot et il est chez nous depuis maintenant sept ans, comme graphiste senior. Il était et est toujours très doué. C'est aussi simple que ça. »

Anne Brassier, RP et Nouveaux marchés, Airside

« Au début, j'ai fait marcher mon réseau. Je me portais volontaire pour des projets qui m'intéressaient et je proposais de refaire les cartes de visite et les CV des gens de ma connaissance. Maintenant que nous avons notre propre entreprise, les gens nous approchent parce qu'ils aiment notre esthétique et qu'ils veulent qu'on crée des choses pour eux. »

Josh Keay, graphiste indépendant

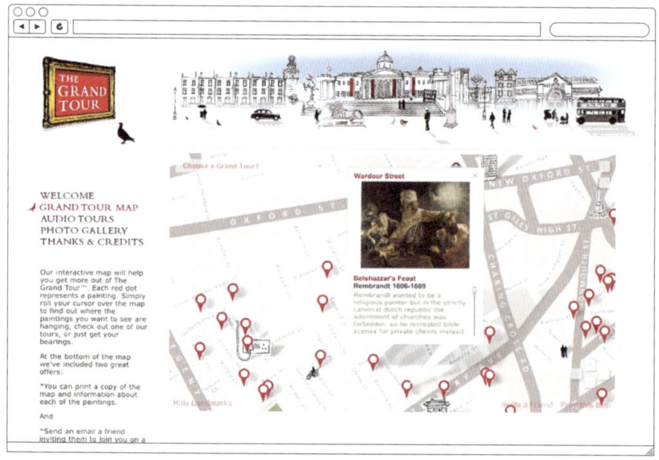

Page précédente : Bien que l'imprimé soit toujours important, la technologie numérique a apporté une nouvelle dimension à la conception graphique. The Grand Tour est un projet artistique public dans lequel des reproductions encadrées de tableaux de la National Gallery ont été accrochés dans les rues de Londres (en bas). L'agence de communication interactive Digit a été engagée pour créer une série de contenus multimédia destinés aux téléphones mobiles, aux lecteurs MP3 et au web. Outre les photos, le site web (en haut) comportait des plans téléchargeables montrant l'emplacement des tableaux, et des circuits à thème pouvaient être soit podcastés, soit imprimés.

Ci-dessous : Le Studio NewWork à Brooklyn réalise une publication artistique bisannuelle de grand format, présentant le travail de nombreux artistes visuels et créatifs de tous bords. Elle sert également à mettre en avant l'approche novatrice de NewWork en matière de conception graphique, avec des polices de caractères audacieuses, spécialement créées, et des compositions détachables en affiches.

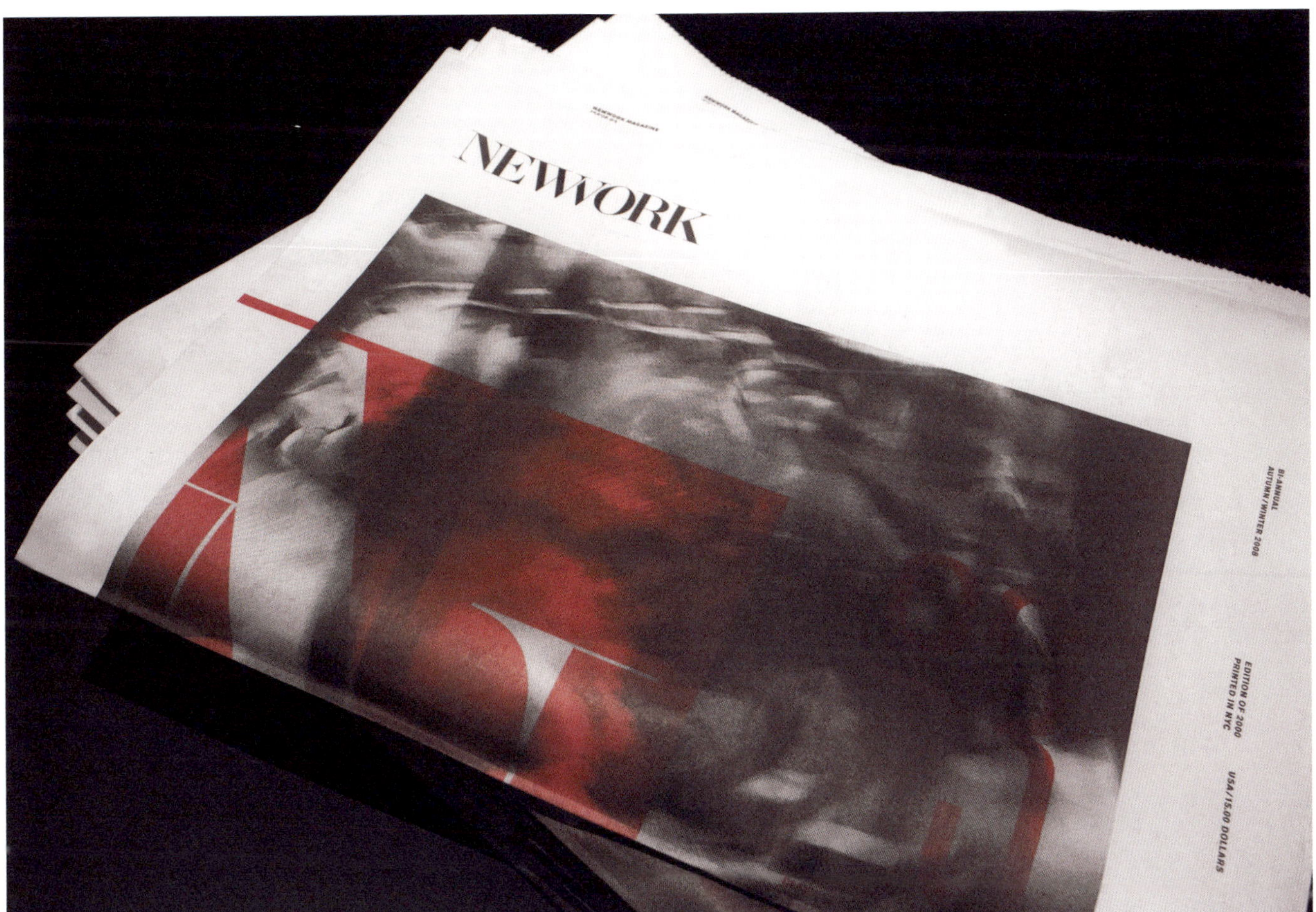

Ci-dessous : Non-Format est le nom du duo formé par Kjell Ekhorn et Jon Forss. Éclectiques, ils se consacrent à la stratégie de marque, l'emballage, la publicité et l'édition. Leur talent d'illustrateurs s'exprime dans cette publicité pour le magazine *The Economist*, dont le sujet était « l'équilibre ».

Page précédente : D&AD est une organisation caritative axée sur l'éducation, dont la mission est de promouvoir l'excellence dans le domaine de la conception graphique et de la publicité. Le point culminant de l'année est la remise des récompenses. Le collectif d'illustrateurs britanniques Le Gun a été chargé par Studio8 Design de produire des illustrations grandeur nature. Studio8 Design était aussi en charge du matériel événementiel et promotionnel pour la soirée qui eut lieu au Royal Festival Hall de Londres en 2008.

Stages de création graphique

Pour les graphistes, un stage peut mener à un emploi salarié et certaines agences ne recrutent aux postes de graphiste junior que des personnes ayant effectué un stage dans l'entreprise. Familiarisez-vous avec les spécificités des différents types de studios et contactez ceux qui vous intéressent en vue d'une embauche. Si vous avez de la chance, vous pourrez ainsi obtenir un des rares stages rémunérés (qui font rarement l'objet d'une annonce). En général, les offres d'emploi de graphistes débutants sont très rares, mais il en paraît parfois dans les magazines spécialisés, les journaux nationaux et régionaux, les sites d'offres d'emploi pour créatifs et les sites web des agences elles-mêmes. En général, on demande à voir le travail du candidat. Visitez autant de sites que possible et envoyez des candidatures spontanées.

Commandes d'illustrations

Il n'est pas recommandé aux illustrateurs d'approcher une entreprise de conception graphique avant de pouvoir inclure dans leur portfolio des travaux publiés – en général réalisés pour le secteur de l'édition. Plus le budget est élevé, plus le développement du projet implique de personnes, moins le client qui paye la note sera sensible à la créativité, et plus l'entreprise voudra voir des travaux publiés et correspondant au projet. Donc, une fois que vous vous êtes fait une petite spécialité, par exemple les journaux d'entreprise ou financiers, essayez d'approcher des groupes de créatifs qui travaillent pour ce genre de publication. Votre travail sera connu des décisionnaires du secteur et donc susceptible d'attirer les clients qui ciblent ce genre de public. De même, si vous avez travaillé pour des magazines spécialisés dans les produits alimentaires, vous aurez vos chances auprès des agences spécialisées dans les emballages pour ce secteur.

Pour découvrir quel genre d'illustrations les agences recherchent précisément, épluchez les magazines spécialisés et les blogs, de façon à vous tenir au courant de leurs projets.

« Il m'est arrivé de faire des rencontres un peu spéciales avec des gens qui refusaient de changer quoi que ce soit à leur « art ». Certains ne comprennent même pas le concept... Les artistes qui réussissent ont bien sûr du talent mais, avant tout, ce sont des professionnels. »

Steve Rutterford, Directeur artistique, Brooklyn Brothers

«Je choisis un projet simple pour lequel j'engage un stagiaire, qui devient ensuite graphiste junior et je lui confie de plus en plus de responsabilités à mesure qu'il fait ses preuves.»

Josh Silverman, Président/Fondateur/Responsable de la Perspective, Schwadesign, Inc.

Ci-dessous : Le graphiste Ed Watt a créé l'identité visuelle et la campagne publicitaire pour Kick-Out Bigotry, campagne du football écossais contre la discrimination religieuse. Destinée aux supporters, aux officiels, aux clubs et aux autorités, cette campagne au profit de l'organisation caritative Football For All, est apparue sous plusieurs formats autour des principaux stades. Illustrés ci-dessous (à partir du coin supérieur gauche) : la police de caractères, le ballon de foot, des dessous de bock et une série d'affiches pour escalators réparties dans l'ensemble du métro de Glasgow.

Les agences publicitaires

La publicité n'est pas un métier pour les petites natures. Graphiste ou illustrateur, vous devez avoir la tête sur les épaules et être prêt à travailler très dur : journées interminables, nuits blanches, voire week-ends à l'agence si nécessaire. Toutefois, les salaires sont en général à la hauteur. Il y a beaucoup d'argent dans ce secteur. L'espace publicitaire coûte cher et la créativité publicitaire aussi, surtout pour les gros clients.

Une publicité peut prendre plusieurs formes : elle peut apparaître dans la presse, sur des affiches de tous types et de toutes tailles, à la télévision et au cinéma, sur Internet ou dans les publipostages. Une campagne (qui comporte en général au moins trois publicités consécutives) peut être locale, nationale ou mondiale et faire appel à un seul support ou à une combinaison de plusieurs médias. Comme chaque média exige une approche assez différente, certaines agences – surtout celles qui font beaucoup de publipostage – préfèrent se spécialiser dans certains supports. D'autres ont une approche plus large, bien qu'elles puissent aussi cibler des secteurs spécifiques, par exemple les laboratoires pharmaceutiques ou l'industrie automobile. Vous devez effectuer des recherches afin d'identifier les agences susceptibles d'être intéressées par votre travail et d'accepter de vous recevoir.

« Je fais beaucoup de recherches sur Internet et je me renseigne auprès de mes amis. En fait je suis toujours aux aguets et je note mentalement ce qui me plaît. Quand un travail se présente, je me rappelle tel illustrateur ou photographe qui pourrait convenir et je le contacte. »

Dave Day, Directeur artistique, Fallon

Devenir graphiste publicitaire

Entrer dans le monde de la publicité comme graphiste, ce n'est pas du gâteau, même si vous avez un diplôme spécialisé en poche et que vous faites déjà équipe avec un rédacteur. Vous devez être déterminé, résistant et sociable, car un réseau de contacts est à peu près le seul moyen de mettre un pied dans la place. Il existe néanmoins des ressources susceptibles de vous aider : organismes professionnels et associations de graphistes sont là pour former et promouvoir les jeunes talents et les aider à entrer en contact avec les professionnels du secteur. Mais si vous regardez n'importe quel site web d'agence, vous ne verrez jamais d'offre d'emploi pour graphiste débutant. Vous ne verrez pas non plus dans les journaux ou sur les sites de recrutement des offres d'emploi pour graphistes juniors n'exigeant pas au moins un ou deux ans d'expérience.

Les débutants entrent généralement dans le monde de la publicité par un stage. Ces derniers peuvent durer de quinze jours à trois ou quatre mois et sont, contrairement à d'autres secteurs, généralement proposés à des diplômés plutôt qu'à des étudiants. Plus vous restez longtemps, mieux c'est, car vous aurez davantage d'occasions de faire valoir votre talent, votre esprit d'équipe et votre sens de l'organisation, qualités essentielles dans ce métier. Un stagiaire ambitieux au potentiel évident peut se voir proposer un poste à la suite de son stage, mais nombreux sont les jeunes graphistes qui accumulent les stages afin de pouvoir bâtir un CV susceptible d'intéresser les chasseurs de têtes et de nouer suffisamment de contacts pour se faire connaître par le bouche-à-oreille. Inutile de dire que plus les agences dans lesquelles vous avez décroché des stages seront réputées, plus vous aurez de chances de trouver du travail. Les gros annonceurs qui paient très cher veulent ce qu'il y a de mieux et les agences les plus prestigieuses sont donc très exigeantes dans leur recrutement.

En théorie, une grosse agence a davantage de marge de manœuvre pour former, tandis que dans les petites les échanges individuels avec les créatifs seniors sont plus nombreux. Certaines proposent des programmes de stages auxquels les étudiants peuvent s'inscrire au cours de leur dernière année d'études. Ces offres de stages sont largement diffusées par les organismes professionnels ou sur les sites web des agences elles-mêmes. Mais bien plus souvent, c'est en tentant le coup au cours d'un entretien informel que vous décrocherez votre stage. Étant donné que la carrière que vous avez choisie consiste à trouver des moyens innovants de vendre des produits, vous ne devriez pas avoir trop de problèmes à vous vendre vous-même. Et le cas échéant, mieux vaut changer d'orientation pendant qu'il en est encore temps. Vous pouvez vous présenter seul, mais vous serez le plus souvent accompagné d'un rédacteur. Toutefois, comme les aspirants rédacteurs font également le siège des agences, et que la coutume veut que l'on travaille en duo de créatifs, l'agence peut elle-même vous trouver un partenaire après coup.

Ci-dessous : le publipostage est une forme de publicité parfois prise en charge par des spécialistes en graphisme et/ou en stratégie de marque. Voici un élément d'une campagne de publipostage créée par Nic Shuttleworth pour l'agence de marketing créatif Iris Associates for Voice, service de télémarketing dont Iris a créé le nom, l'identité de marque et la stratégie commerciale.

Le directeur artistique (le « DA ») est la cible à laquelle présenter votre matériel promotionnel. Certains détestent les « gadgets », tandis que d'autres sont plus tolérants. De l'avis général, si vous tentez cette approche, vous devrez montrer quelque chose de vraiment étonnant. Mais gare aux écueils ! Le jeune optimiste qui envoya un portfolio contenant un poisson cru accompagné du message « Do you have a plaice for us ? » (Avez-vous un job pour nous ?) en jouant sur l'homophonie entre « place » (place) et « plaice » (carrelet) n'avait de toute évidence pas anticipé la décomposition du contenu. Il fallu au personnel de l'agence un certain temps avant de repérer le portfolio fautif, d'où provenait l'odeur qui mit des mois à disparaître. En revanche, deux jeunes créatifs écrivirent un jour au responsable de ce même service de création, en se faisant passer pour une dame avec laquelle il aurait eu une brève liaison vingt-deux ans auparavant. Elle révélait qu'à la suite de cette aventure, elle avait donné naissance à deux faux jumeaux qui souhaitaient à présent travailler dans la publicité : les ayant élevés seule jusqu'à la fin de leurs études, elle nourrissait l'espoir qu'il remplirait à présent son devoir paternel. L'audace des deux jeunes gens fut payante. Ils travaillèrent plusieurs années dans cette agence et, lorsqu'ils la quittèrent, leur « mère » écrivit au directeur pour le remercier d'avoir pris soin de ses fils.

Une fois que vous avez retenu l'attention d'un employeur potentiel, il va sans dire que vous devez lui présenter un portfolio contenant essentiellement des publicités, de préférence sous une forme directe et facile à consulter. Si c'est la publicité télévisée qui vous intéresse, mieux vaut soumettre des storyboards que de sortir un DVD dont la longueur potentielle peut faire peur. Dans cet environnement où la pression est forte, les interruptions sont nombreuses et vous ne pouvez pas vous permettre de perdre l'attention de votre auditeur.

« Il est impossible d'être pinailleur dans ce métier, parce que votre travail évolue tout le temps. »

Neil Dawson, Directeur mondial de la création, Philips, DDB

Devenir illustrateur publicitaire

Les illustrateurs peuvent s'adresser directement aux directeurs artistiques, mais mieux vaut en général passer par les commanditaires intermédiaires que sont les acheteurs d'images. Ces derniers sont des types formidables, solides, au vocabulaire imagé et à la mémoire infaillible. Les plus grosses agences en emploient deux ou trois, certains plus intéressés que d'autres par l'illustration : trouvez donc à qui vous adresser avant de tenter une approche. Le rôle de l'acheteur d'images est de fournir aux créatifs les ressources dont ils ont besoin : illustrateurs, photographes, stylistes, agences de mannequins, etc. Ce sont eux également qui négocient les tarifs et en général, ils sont plutôt du côté des artistes. Les bons acheteurs connaissent parfaitement les équipes de créatifs de l'agence et les clients pour lesquels ils travaillent, et savent généralement qui cherche quoi. Plus important encore, ils ne rechignent pas à aller extirper un créatif de son bureau pour qu'il vienne regarder un portfolio.

Il y a toujours une possibilité qu'une agence de publicité vous contacte directement : cela dépend bien sûr de l'étendue de vos publications. Plus vous aurez de travaux dans des journaux professionnels, sur des sites web et dans des publications imprimées et plus ils auront de chances d'être remarqués. Si cela se produit, faites des recherches sur l'agence en question avant votre entretien, et essayez d'inclure des travaux publiés correspondant à leur type de clientèle.

« Quand je vois quelque chose de neuf, je peux très bien m'en inspirer pour créer une campagne. »

Steve Rutterford, Directeur artistique, Brooklyn Brothers

Si votre travail n'a pas encore été publié, je vous conseille d'attendre d'être un peu établi avant de contacter une agence, surtout une grosse. Bien que de nombreux créatifs aiment découvrir et travailler avec de jeunes illustrateurs talentueux, le choix de tel ou tel artiste en particulier ne leur revient pas, en général. Un créatif junior devra convaincre ses supérieurs, qui devront à leur tour convaincre le responsable du compte client, qui devra lui-même vendre le travail de l'illustrateur à l'annonceur ayant fait appel à l'agence. Une entreprise peut dépenser des millions pour une campagne : elle veut donc être sûre et certaine que l'illustrateur sera à la hauteur. Si elle choisit un illustrateur qui n'y parvient pas, elle devra lui payer d'importantes indemnités en cas de dédit, et l'agence devra trouver un remplaçant capable de mener le travail à bien en, disons, cinq secondes. Des exemples de travaux pertinents dans votre portfolio sont un plus !

Les illustrateurs ne sont pas tous faits pour travailler dans la publicité, et ce n'est pas qu'une question de style. Du fait du nombre de personnes impliquées et des différentes étapes à franchir avant de pouvoir se lancer, les délais peuvent fondre, l'énervement croître et les exigences devenir parfaitement incongrues. En outre, les briefs peuvent être restrictifs et autoritaires, laissant peu de place à l'expression personnelle. Mais il y a des personnes qui ont besoin de poussées d'adrénaline et fournissent leur meilleur travail sous la pression, et l'aspect financier peut être très intéressant. Plus les médias utilisés pour véhiculer le message publicitaire seront nombreux, plus l'aire géographique couverte par la campagne sera importante, et plus les honoraires seront élevés. Certains illustrateurs considèrent les travaux publicitaires comme un moyen d'équilibrer des commandes moins bien payées mais qui leur laissent davantage de liberté créative.

Opportunités pour les professionnels pluridisciplinaires

Bien que les directeurs artistiques apprécient les indépendants pluridisciplinaires, les agences traditionnelles ne leur proposent que rarement un emploi salarié. Dans la publicité, les créatifs sont en général directeurs artistiques et recrutés pour leurs capacités de réflexion, et les agences se méfient des touche-à-tout. Les compétences supplémentaires que peut posséder un graphiste ou un illustrateur seront donc considérées comme un plus optionnel. Exception à cette règle, les très petites agences ou celles qui démarrent, et où la polyvalence est une nécessité. Les studios de création moins traditionnels, tels que les collectifs qui mettent en avant leur multidisciplinarité, peuvent aussi offrir davantage d'opportunités aux professionnels désireux d'exercer leurs multiples talents.

Ci-dessous : La publicité offre de nombreux débouchés. Cette campagne d'affichage extérieur (en haut) due à la graphiste et illustratrice Erica Jacobson a été réalisée pour Eniro, service de renseignements téléphoniques nordique. La campagne « Friends of British Summertime », de l'agence intégrée Exposure (en bas), déclinée sur plusieurs médias, dont la radio, la presse et le web, avait pour but de mieux faire connaître la marque de cidre Bulmers.

Page suivante : L'illustrateur espagnol Adrià Fruitós a créé tous les caractères et les dessins pour la promotion de la production *Boscos Endins* (Dans les bois), pour la compagnie de théâtre Dagoll Dagom en 2007. Son travail est paru sur un site web dédié au spectacle ainsi que sur les affiches et autres matériels promotionnels (à droite). Il a également réalisé une peinture murale à l'intérieur du théâtre (en bas à gauche).

DAGOLL DAGOM
BOSCOS ENDINS
MÚSICA i LLETRA
STEPHEN SONDHEIM
LLIBRET
JAMES LAPINE

BOTIGA
BOSCOS ENDINS

LA VANGUARDIA
BOSCOS ENDINS
(INTO THE WOODS)

Le secteur de la presse

La presse est un vaste domaine qui regroupe de multiples publications, depuis les quotidiens jusqu'aux hebdomadaires en passant par les suppléments et les mensuels sur papier glacé. On y trouve également les publications professionnelles, les gratuits et les magazines de marques.

Ci-dessous : Le monde de la presse ne se limite pas aux titres les plus connus. Ainsi *Gulf Life* (publié par Ink Publishing), magazine de la compagnie aérienne moyen-orientale Gulf Air, appartient à la catégorie des magazines de marques. Certains éditeurs sont spécialisés dans ce type de magazine, qui s'adresse aux clients et aux employés des grandes entreprises et organisations.

Opportunités pour les graphistes

Certains éditeurs de presse disposent de la structure nécessaire pour embaucher des graphistes (papier et web) dès leur sortie de l'école et prendre le temps de les former. D'autres exigent que les candidats aux postes de graphiste junior possèdent déjà une expérience professionnelle, de quinze jours (ce qui est facile à justifier, il suffit d'un stage effectué pendant les études) jusqu'à un an (ce qui est évidemment plus difficile).

Les stages débouchent parfois sur des emplois salariés. En fait, certains magazines préfèrent recruter leurs graphistes juniors de cette façon et ne publient jamais ce type d'offre d'emploi. Toutefois, comme vous aurez du mal à trouver un stage qui dure plus de quelques mois, essayez d'accumuler autant d'expérience que vous le pourrez. Votre école peut vous proposer de travailler sur de vrais briefs de presse, mais vous pouvez aussi proposer vos talents bénévolement à une école ou une association locale. Payé ou pas, si c'est imprimé et que cela montre ce que vous savez faire, cela comptera pour votre portfolio. Apprenez également à capitaliser sur toutes les connexions que vous avez pu établir avec le monde de la presse. Gardez le contact avec toutes les personnes qui manifestent de l'intérêt pour votre travail. Lorsqu'un magazine se trouve à court de personnel, pour maladie, accident ou congé de maternité, le directeur artistique peut se retrouver dans une situation assez désespérée pour demander au jeune graphiste très prometteur, bien qu'inexpérimenté, rencontré le mois dernier, de l'aider pour un jour ou deux. C'est précisément comme cela que j'ai décroché ma première commande, dans une agence de création qui m'avait conseillé « de repasser dans un an ». J'étais la dernière jeune diplômée qu'ils avaient rencontrée, et c'est donc à moi qu'ils pensèrent quand l'assistant du directeur artistique décida de partir pour trois semaines de congés sans solde.

Il est important de réfléchir sérieusement, et le plus tôt possible, au type de magazine qui correspond le mieux à vos talents de graphiste. L'œil n'est pas le même – sans parler des compétences techniques – selon que l'on travaille pour une publication à l'esthétique minimaliste ou pour un magazine bourré d'images et de petits textes. Comme le snobisme est très répandu dans le monde de la presse, les choix que vous allez faire en début de carrière peuvent avoir un impact important sur son déroulement et il n'est pas rare que les graphistes se trouvent assez vite catalogués. N'oubliez pas toutefois que le magazine que vous aimez lire n'est pas forcément le genre de publication pour laquelle vous aimeriez travailler.

« La nature même de notre travail, avec ses délais serrés et la multiplicité des produits, implique que les graphistes doivent pouvoir se former rapidement. Mais le personnel plus ancien est là pour aider pendant la phase d'apprentissage et s'assurer que les délais sont respectés… Si un jeune diplômé fait preuve de flair et de compétence technique, on peut passer sur le manque d'expérience. »

John Oakey, Directeur artistique, *TimeOut* Group

Le travail de graphiste au sein de l'équipe d'un journal ou d'un magazine demande de connaître les grilles et les feuilles de style, de posséder un œil sûr et de bien savoir utiliser QuarkXPress, InDesign et Photoshop. Les journaux offrent toutefois moins de possibilités créatives, car les parutions y sont quotidiennes ou hebdomadaires, les délais sont très courts et la pression très forte. La plupart des magazines, lors des entretiens d'embauche, demandent aux graphistes de composer une double page afin d'évaluer dans quelle mesure ils comprennent l'esthétique de la publication.

« Il est toujours bon de montrer à un directeur artistique l'évolution de votre travail. C'est ce qu'ont fait certains illustrateurs, et comme j'ai préféré leur nouvelle manière, je leur ai passé des commandes. »

Hazel Brown, Rédactrice artistique adjointe, *Radio Times*

Ci-dessous : *Radio Times* est le premier magazine de télévision (hertzienne, câble et satellite) et de radio du Royaume-Uni. La double page *Doctor Who* (en bas) illustre parfaitement le style visuel très fort et les articles de fond du magazine. Les quatre couvertures (en haut), dues à l'illustrateur Kris Kasch, ont été commandées à l'occasion de la diffusion du documentaire de la BBC intitulé *The Seven Ages of Rock*. Elles ont été conçues de façon à former un ensemble et à être conservées comme une affiche.

Sands *of time*

A bus-smash in Dubai, an alien fly and Michelle Ryan in a catsuit – it's all go in the Doctor's 200th story!

Doctor Who
Saturday 6.45pm ***BBC1, BBC HD***

It's safe to say that of all the unfortunate things that could happen to a film crew in the desert, getting caught in a sandstorm – rendering a whole day's footage practically unusable – would be one of the worst. It's 12 February 2009, and the BBC crew filming this year's *Doctor Who* Easter special, *Planet of the Dead*, is experiencing the worst sandstorm to hit Dubai since last September. But that's the least of their recent problems...

It all began with a red London bus. "That bus was the starting point for the story," says Russell T Davies, *Who* supremo and, with Gareth Roberts, co-writer of this episode. "A bunch of everyday commuters stranded on an alien world. I wanted big pictures, vivid images, something that would burn into kids' minds. In 60 years' time, they'll still remember 'the one with the bus' – and a red double-decker seems so British, which is always one of *Doctor Who's* strengths."

"It's a barmy adventure," says David Tennant, sheltering from the sandstorm under a violently flapping gazebo. "It's quite 'out there'. A London bus in the middle of the desert kind of sets the tone. It's not a plot that any other show could do. It's very specifically a *Doctor Who* story. I can't think of any other show that could combine all these elements and still make sense!"

The production team's first hurdle was to get the bus into the desert. "We'd always looked at going abroad," explains producer Tracie Simpson. "A beach in Wales, especially in February, would have just looked like, well, a beach in Wales.

"But Dubai looks beautiful. There was talk of airlifting the bus in, but it's too heavy, so we decided to ship it instead. It takes five weeks to get a bus from Cardiff to Dubai, so it set off in ▷

SVEN ARNSTEIN

"I can't think of any other show that could combine all these elements and still make sense"
DAVID TENNANT

ALL ABOARD THE No 200 BUS
The Tritovore (Paul Kasey) joins the Doctor (David Tennant) and Lady Christina (Michelle Ryan)

16 17

Ci-dessous : Le magazine russe «*Snob*», qui s'adresse aux professionnels russophones du monde entier, traite de toutes sortes de sujets susceptibles d'intéresser un lectorat cultivé. Les illustrations y occupent une grande place, depuis les couvertures (en haut), dues à la graphiste maison Alexandra Kuznetsova et au musicien illustrateur Key Wilde, jusqu'aux pages intérieures (en bas) réalisées par Peter Arkle, illustrateur britannique installé à New York.

Page suivante : *Utne Reader* (en haut) est un digest bimensuel qui rassemble le meilleur de la presse indépendante et alternative pour un lectorat branché et avant-gardiste. L'exemple montré ici est une double page extraite de *Blue Notes*, due à Nate Johannes pour l'illustration et à Stephanie Glaros pour la direction artistique (Nov./Déc. 2008). Le bimensuel australien *frankie* (en bas) fait également la part belle à l'illustration, comme ici avec ce travail de Sara Hingle.

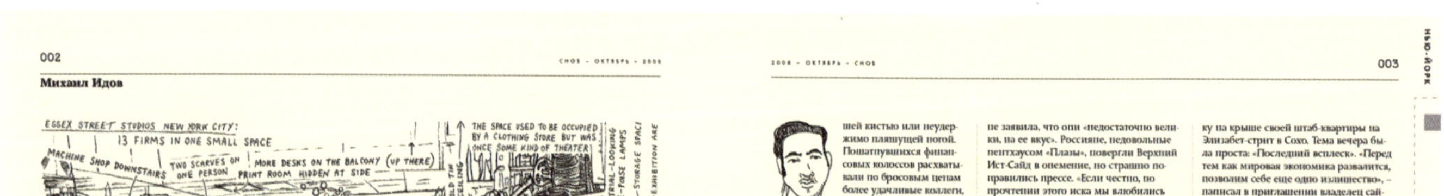

Blue Notes

The life-giving link between mood and musical expression

by Moira Farr, from the Walrus ✱ illustrations by Nate Johannes

I've never met Garnet Rogers. For all I know, he's a very nice man. Like his late brother, Stan, he sure can sing. But 10 years ago, Garnet nearly killed me at the Canadian Tulip Festival in Ottawa, and I've wondered ever since whether certain musicians shouldn't issue statements at the beginning of their concerts. "Warning: This performance contains vocals, lyrics, keys, and chords that may induce debilitating sorrow in some listeners. Listener discretion is advised."

I don't remember the actual song, only the abject melancholy that flooded through me upon hearing Rogers' spare guitar and soulful baritone waft over the crowd of happy, paint-faced children, batik peddlers, and *poutine* eaters wandering amid the waving tulips. No one else seemed particularly bothered by the dissonance between song and scene, but all I wanted to do was escape down to the riverbank and weep.

It wasn't the first, nor last, time a piece of randomly encountered music would ambush me and amplify my sadness, almost unbearably. Once, it was the mournful saw of violins accompanying a video at the Canadian Museum of Civilization about early logging. Or it could be a Rufus Wainwright song sneaking up on me from the car radio. I soon became hypervigilant at recognizing that first down spiral of mood and adept at the quick lunge for the off button. Music, once a comfort and a source of pleasure, had become a minefield.

Sensitivity to sad music was just one troublesome symptom of what was eventually diagnosed as clinical depression. It was only after many months of taking citalopram, an antidepressant known as a selective serotonin reuptake inhibitor, that I realized the sad-music thing wasn't happening to me anymore. When I was puttering in the kitchen one morning with the radio on, the sound of a violin stopped me. It was "Field of Stars," by the late Oliver Schroer, a song recorded during his seven-week walk along Europe's ancient pilgrim trail, the Camino de Santiago. His wailing fiddle, echoing through an old stone chapel, made me sit down and cry—but they were the cathartic, opening kind of tears.

Soon I stopped fearing music, maudlin TV commercials, and Animal Planet programs about cruelty to chimpanzees. I was still able to feel sadness, but I was not so overwhelmed by the emotion. And I became curious; exactly what was going on in my brain to make me so vulnerable to music in the first place—and why was a pill able to change all that?

Antidepressants, we know, affect the activity of neurotransmitters such as serotonin, dopamine, and norepinephrine, and hormones such as oxytocin, all of which are involved in the experience of pleasure. These are the hormones that become seriously impaired when a person is depressed. But what is the specific link—if any—between mood and musical expression? Searching for answers, I turned first to the neuroscience of music, a thriving field of research that has spawned two current best sellers—Oliver Sacks' *Musicophilia: Tales of Music and the Brain*, a collection of strange tales about the human relationship to music, and Daniel Levitin's *This Is Your Brain on Music: The Science of a Human Obsession*, which details recent neurological findings. Among them: what's happening in the brain when music uplifts us; why bits of music can lodge in the brain (the dreaded "earworm" or "tune cootie"); and theories of how and why music—in all its pitches, tempos, keys, and rhythms—has played an integral role in the evolution of the human species.

Levitin is a psychology professor who runs the Laboratory for Music Perception, Cognition, and Expertise at McGill University. Before becoming a psychologist, he was a session musician, sound engineer, and record producer for the likes of Santana and Blue Öyster Cult. When I call him on the phone, he sits down at the piano in his Montreal home and plays a riff of trilling high notes, followed by a slow series of notes lower down the scale. It makes the obvious point that what we think of as sad music tends to be quieter, lower, and slower, with longer duration in tones

NATE JOHANNES / WWW.BLUEGRAPEDESIGN.COM

Beyond Words

Part of the magic of music for me is that it can evoke emotions that you can't even have otherwise, emotion there isn't even a word for. I remember when I was a little bitty kid hearing the Platters singing "Harbor Lights." I was from Lubbock; I didn't know what a harbor was. But the melody, the sound of the voices, gave me a feeling of pleasant longing that had nothing to do with anything that had yet happened to me. I wasn't old enough to have had sad love affairs.

—musician Jimmie Dale Gilmore to writer Nicholas Dawidoff, from *In the Country of Country: People and Places in American Music* (Pantheon, 1997)

50 utne NOV-DEC '08 — NOV-DEC '08 utne 51

who was she?

ava gardner

CIGARETTE IN ONE HAND, GLASS OF SCOTCH IN THE OTHER.

Words: Jo Walker

Classic film siren Ava Gardner was hardly the type of actress to court respectability – on screen or off. Raised dirt poor on a North Carolina tobacco farm, she was discovered in 1941 after her brother-in-law displayed her photo in his New York shop. Ava's first screen test was a dud, but MGM took the bait anyway with studio boss Louis B Mayer famously declaring, "She can't act. She can't talk. She's terrific."

Regarded at first as little more than a pretty piece of flesh (with an uncouth Southern accent to boot), Ava struggled as a bit player through over 20 film roles – one of an endless line of disposable starlets Hollywood used to decorate its crowd scenes and backlots. During this time she fulfilled her studio contract by posing for hundreds of cheesecake pin-up shots that focused on her body and legs rather than her face. It wasn't until her femme fatale turn in 1946's *The Killers* that she became known as a bona fide sex symbol and a star.

From here on, the publicity photos concentrated on the face that would have her branded in the '50s as "The World's Most Beautiful Animal" and, typically self-deprecating, Ava taught herself to smoulder on demand: "I shot enough sultry looks around the MGM photo gallery to melt the North Pole." **Ava knew her face and her body were her currency (this was, after all, the woman who famously declared, "Deep down, I'm pretty superficial").** She frequently took on roles demanding great beauty – as a classical statue come to life in *One Touch of Venus* or a singer who men kill and die for in *Pandora and the Flying Dutchman*.

By the time Ava's star was on the rise, she had already been married twice – to Mickey Rooney in 1941 and bandleader Artie Shaw in 1945. But it was her tempestuous 1951 wedding to blue-eyed crooner Frank Sinatra that really kept the tabloid writers happy. Cast as the scarlet woman for supposedly tempting the Catholic Sinatra away from his first wife Nancy, Ava was condemned by the church, vilified by the Legion of Decency and labelled "Bitch-Jezebel-Gardner" by hatemail writers. The union was passionate, but volatile. "We were always great in bed," Ava later admitted. "The trouble usually started on the way to the bidet." After a relationship dogged by alcoholism, suicide threats, abortion dramas and accusations of adultery, Ava and Sinatra finally split in 1957.

Three years earlier, Ava had travelled to Spain to film *The Barefoot Contessa*, the story of a Spanish slum girl made into a movie star and fought over by millionaires, who remains unimpressed by the trappings of fame and money. It's a tale of Cinderella gone wrong, made revolutionary at the time by centring the plot around the heroine's sex drive, and one that seemed to mirror Gardner's own life. While shooting the film, Ava discovered a great passion for Spain and, supposedly, an even greater one for its population of virile young bullfighters. The country became her home after her third and final divorce, although she never shook the tabloid hoodoo – for the press men back in the States, wherever Ava went and whatever she did, she was still pining for Sinatra, or struggling with some great inner turmoil.

Working, as she always said, "for the loot, honey, for the loot", Ava's later career saw her making movies only intermittently: sometimes in big-budget flicks like *On the Beach* or *The Night of the Iguana*, sometimes with third-rate directors in budget titles. With middle age creeping up, Ava retired to London in the late 1960s, and lived there until her death in 1990. "I don't mind growing old," Ava had said. "If I have to go before my time, this is how I'll go – cigarette in one hand, glass of scotch in the other."

The standard assessment of Ava Gardner is that she was a so-so actress who happened to be a great beauty. But Ava never played the type of roles that garner respectability for an actress, nor did she appear in films that win prizes and critical acclaim. Nominated several times for high-profile awards, she continually lost out to capital "A" actresses considered more reputable, more honourable. Instead, Ava worked in the salt mines of the movie industry – in melodramas, historical romances and safari movies, in crime films and westerns – hardly the stuff to make her a critics' darling, but the public loved her for it. **While her beauty and the scandals of her private life distracted attention from Ava's work, they strengthened her box office pull and made her a bankable star. And through it all, the tobacco farmer's daughter retained her earthy sense of humour. To the end, her favourite introduction was, "Honey, don't you know who I am? I'm a lousy movie star."** •

112 — 113

« Je conseille de solliciter un entretien avec portfolio et/ou de le déposer pour consultation. Je déconseille de cibler uniquement le directeur artistique d'un magazine, souvent trop occupé pour regarder les portfolios des débutants. Je pense qu'il vaut mieux viser aussi la personne placée un cran en dessous. »

Jennifer Pastore, Rédactrice photos adjointe, *T: The New York Times Style Magazine*

The Globe and Mail, Tuesday, Feb. 3, 2009 Life L3

Family

FROM PAGE 1 | TIMSON

Whatever happened to kids getting by on their own merit?

TEENAGERS | THE INTERNET ATE MY CHILD

Six hours of YouTube may be good for them

Nowadays, knowing how to navigate the Web is vital for teens – besides it's not like they would be hanging out with you

ANTHONY E. WOLF

CASE STUDY: REHAU

Scanning for innovation

Global plastics company Rehau looks to a small team of 'innovation scouts' in procurement to harvest the most promising ideas from its key suppliers

by Geraint John

Unless you work in the construction, automotive or furniture industries, the chances are you won't have heard of Rehau. As a family-owned manufacturer of plastic products such as window frames, water pipes and car bumpers, it isn't the kind of firm that excites much interest from the general business press. But as an example of how procurement can extend its role into the field of innovation and drive company competitiveness, it has an interesting story to tell – one that throws up some useful lessons for CPOs and their teams in other sectors.

Founded in 1948 in the German town of Rehau, from where it takes its name, the firm now has operations in over 40 locations around the world, employing almost 15,000 staff and earning annual revenues in excess of €2 billion. Over time, Rehau has moved away from simply making plastic products of its own to assembling water, heating and other systems that incorporate parts from other manufacturers. This is vital for the company's long-term survival, because some of its products, particularly in the construction industry, which accounts for half its total business, have been commoditised as a result of strong competition from China and elsewhere.

As might be expected of a German manufacturer, Rehau's strategy is not to be the lowest-cost producer, explains Rainer Schulz, the company's chief operating officer, but to show "innovation, process and service leadership". That means not only being highly efficient in purchasing, production and logistics terms, he says, but also having "cleverer products than our competitors".

With around 50 in-house researchers, Rehau is used to inventing what Schulz describes as "new recipes" for polymers such as polyvinyl chloride (PVC), polypropylene and polyethylene – its key raw materials ¬– and then working with chemical companies, big and small, to manufacture them. But to satisfy the needs of its customers today, it must be effective at tapping the innovative ideas of these and other key suppliers and translating them into marketable products, some of which will be developed jointly.

Nowhere is the pressure to innovate stronger than in the automotive industry, from which Rehau derives another 30 per cent of its revenues. As a first-tier supplier to the likes of Daimler, BMW, Volkswagen, Toyota and General Motors, the company not only has to meet stringent cost, quality and delivery targets, but also demonstrate that it is at the forefront of technological change.

However, notes Schulz, in the past the image of Rehau as an innovator was not one that many of its customers recognised. A customer survey four years ago found that "it was not seen as an innovative company, it was seen as a big oil tanker: driven one way and very hard to change", he says. As a result, Rehau decided to rebrand itself with a new tagline, "unlimited polymer solutions", and to introduce an internal change programme designed to get employees in its key functions, including procurement, better focused on innovation.

Enter the innovation scout

To aid internal co-ordination and boost interaction with its supply base, in 2004 Rehau introduced a new role in its 140-strong procurement network – that of "innovation scout". It is one of six core roles in the function (see figure 1), which is organised around the material group (or category) management structure implemented by Schulz three years earlier when he joined the company from BMW Rolls-Royce as head of materials management and logistics. (As COO, Schulz retains overall responsibility for purchasing, as

CPO AGENDA 27 SPRING 2008

ILLUSTRATIONS: MICHELLE THOMPSON

Page précédente : Internet permet aux directeurs artistiques d'accéder aux talents du monde entier. Ainsi, Michelle Thompson, illustratrice conceptuelle, ne compte pas seulement sur sa Grande-Bretagne natale pour lui fournir du travail. Les travaux ci-contre lui ont été commandés par le journal canadien *The Globe and Mail* (en haut) et le magazine de marque *CPO Agenda* (en bas), publié par Redactive Media.

Ci-dessous : Doubles pages des magazines trilingues *b.spirit!* (en haut), et *b.there!* (en bas), réalisés par Ink Publishing pour la compagnie aérienne Brussels Airlines. Destinées respectivement aux long et court-courriers, ces publications ont un look moderne et font appel à une imagerie très forte.

Commandes d'illustrations

C'est du monde de la presse que proviennent généralement les premières commandes destinées aux jeunes illustrateurs. La relation entre les illustrateurs novices et les directeurs artistiques y est souvent féconde. Les premiers, qui bien souvent n'ont jamais été publiés, acceptent des honoraires modestes en échange d'une visibilité importante, tandis que les seconds ont rarement à leur disposition les mêmes budgets que dans les agences de création ou de publicité. Le rythme des parutions est rapide, ce qui signifie que les illustrateurs voient vite leurs créations imprimées. De leur côté, les titres de presse bénéficient d'un vaste choix de jeunes talents grâce auxquels leurs publications restent à l'avant-garde. Tout le monde est gagnant.

Dans le monde de la presse, la commande d'illustrations est très directe. Vous montrez votre travail au directeur artistique, qui est payé pour que son journal soit beau et qui dispose d'un budget pour cela. Si le besoin en illustrations est important et que le client tombe amoureux de votre travail, vos chances sont élevées : il suffira qu'il hoche la tête. Cela dit, comme les magazines et les journaux couvrent à peu près tous les sujets possibles et imaginables, plus vous aborderez de domaines, plus vous augmenterez vos chances de bien gagner votre vie par la suite. En outre, la presse fait appel à pratiquement tous les styles d'illustrations.

Bien que les directeurs artistiques ne fassent pas grand cas des graphistes qui ont une pratique de l'illustration, le dessin de lettres suscite souvent l'intérêt et donc, si vos illustrations comportent des éléments typographiques, ce peut être un plus pour obtenir des commandes. En revanche, comme la plupart des magazines emploient des graphistes salariés et travaillent sur des grilles existantes, vos talents pour la composition seront sans doute peu utilisés. D'un autre côté, il arrive que l'on demande à des graphistes salariés de créer des illustrations pour les publications sur lesquelles ils travaillent, le plus souvent sur leur temps libre. Les magazines professionnels ou ceux à faible tirage (et donc à faible budget) sont davantage susceptibles de faire réaliser leurs illustrations par un professionnel salarié pluridisciplinaire.

« Commandant régulièrement des illustrations, je suis à la recherche d'idées originales qui complètent celles des illustrateurs déjà placés chez nous. Je reçois ainsi des échantillons d'une base internationale d'illustrateurs, situés surtout en Amérique et en Europe et parfois en Australie et au Japon. »

Alison Lawn, Rédactrice artistique, *New Scientist*

Ci-dessous : Les neuf premiers numéros du magazine *Varoom*, publié par l'Association of Illustrators, ont été conçus par l'association britannico-norvégienne Non-Format pour un public de professionnels spécialisés et d'enseignants en arts visuels. Ce magazine paraît trois fois par an. Ce numéro de 2008 est illustré par Brad Holland.

Ci-dessous : *The Illustrated Ape* est une publication éclectique et originale dédiée à la fiction, à la poésie, aux images et à la pop. Chaque numéro, qui suit un thème, est dirigé par un directeur artistique invité. Les contributeurs ne sont pas payés, les bénéfices étant réutilisés pour le numéro suivant, ce qui offre une très grande liberté de création.

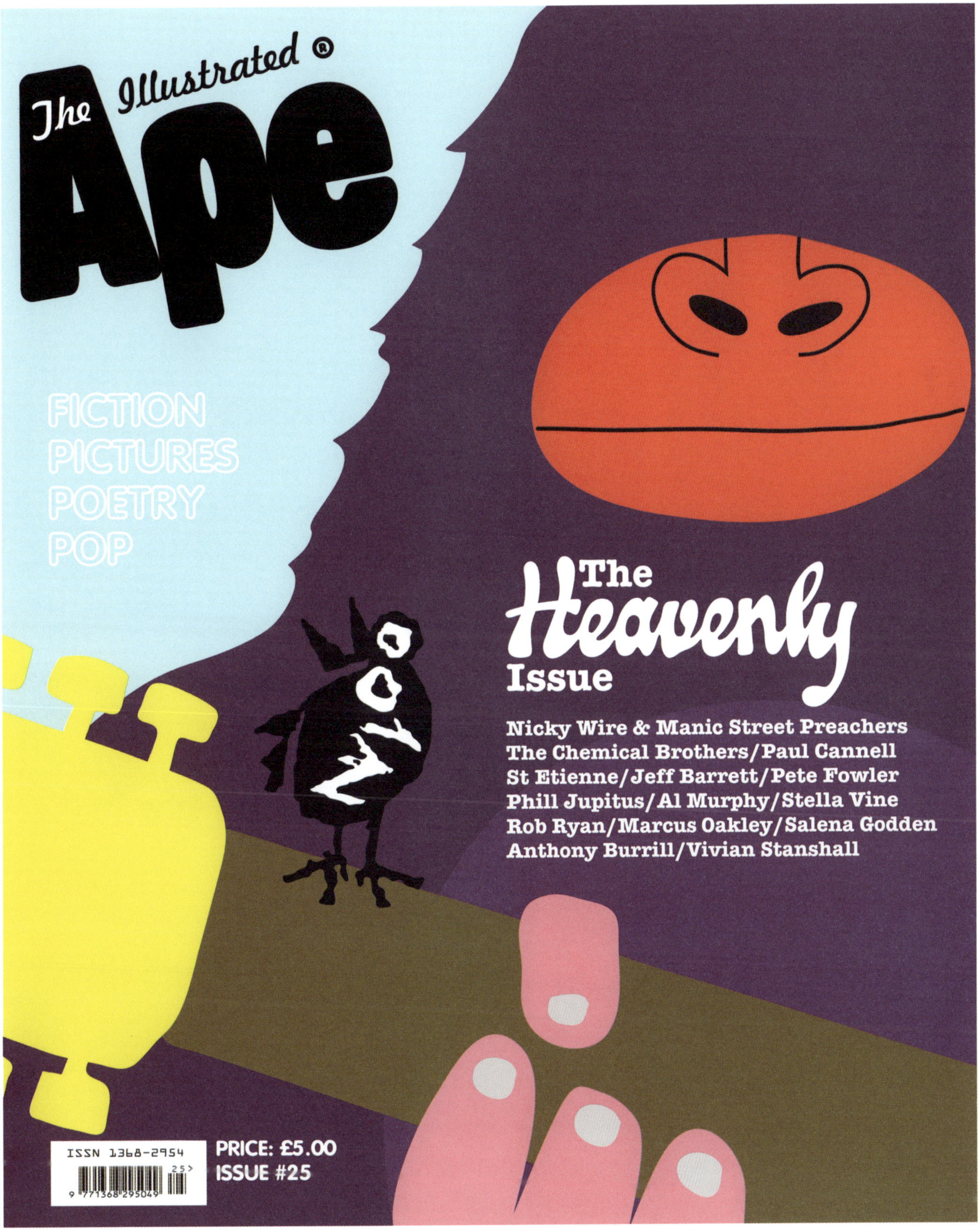

Ci-dessous : Les illustrateurs spécialistes du dessin de lettres originales ont actuellement la cote auprès des éditeurs, pour les œuvres littéraires comme pour la fiction grand public. Voici trois couvertures de Harriet Russell pour Hodder Headline, Orion Publishing et Harper Collins (en haut), deux couvertures d'Andy Robert Davies pour Summersdale Publishers et une de Nigel Owen pour Faber & Faber (en bas).

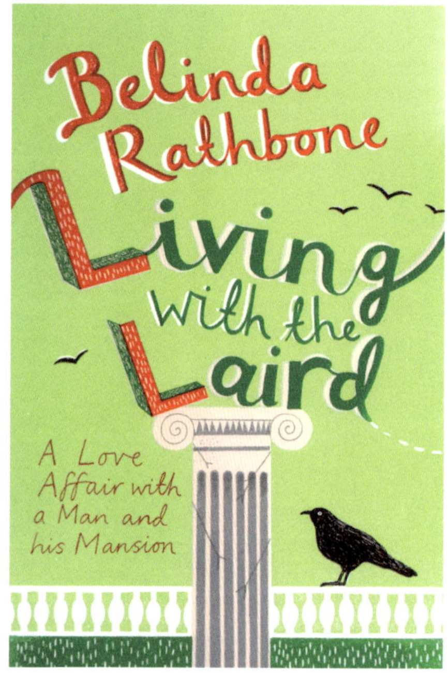

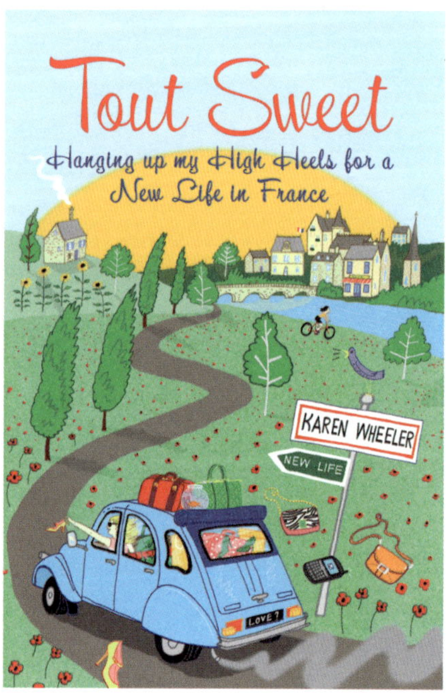

L'édition de livres

L'édition est un vaste ensemble qui produit les ouvrages les plus divers par le contenu (fiction et autres) et les plus variés par la forme pour toutes les tranches d'âge. Ce secteur procure du travail à une pléiade de professionnels, issus de domaines de compétences dont les frontières ne sont pas étanches. Graphistes et illustrateurs de livres sont souvent amenés à faire le même travail, ou à partager certaines attributions davantage séparées ailleurs.

« On sait que les débutants vont avoir besoin de formation. Les budgets et les délais étant ce qu'ils sont, les graphistes doivent être opérationnels le plus vite possible, mais ils ont quand même le temps de parfaire leur compréhension du secteur et du langage de la composition. »

Richard Ogle, Directeur artistique, Random House

Débuter comme concepteur de livres

Les éditeurs de livres ne sont pas contre l'embauche de graphistes nouvellement diplômés et sont même prêts à leur offrir une certaine formation (malgré les réductions d'effectifs de bien des services artistiques), dans la mesure où le rythme de l'édition de livres est moins frénétique que celui de la presse. Toutefois, comme dans la presse, un stage ou une publication en relation avec le monde du livre sera du meilleur effet.

Les offres d'emploi de graphiste junior sont publiées dans la presse spécialisée, sur les sites web dédiés aux emplois créatifs (et bien souvent sur le propre site web de l'éditeur), dans les journaux locaux et nationaux. Certains éditeurs peuvent recevoir des graphistes « au cas où », mais ils ne le font en général que lorsqu'ils ont un travail à leur confier.

Il est essentiel de manifester un réel intérêt pour les livres et la lecture. Comme pour la conception de magazines, il faut réfléchir sérieusement aux domaines qui correspondent le mieux à vos centres d'intérêt et à vos compétences. Si, par exemple, vous préférez travailler avec des illustrateurs plutôt qu'avec des photographes, le secteur des livres illustrés pour enfants vous conviendra probablement mieux que celui des beaux-livres. Pour les couvertures d'ouvrages, si vous avez des goûts très prononcés en matière de genres littéraires, repérez les maisons d'édition et/ou les collections en fonction. Toutefois, si vous avez l'intention de vous faire connaître comme créateur de couvertures pour best-sellers, n'oubliez pas que vous n'allez sans doute pas vous limiter à un seul genre et qu'un roman historique et sentimental ne s'habille pas de la même façon qu'un thriller psychologique. Il arrive aux concepteurs de livres de changer de spécialisation : l'un des premiers clients de mon agence, qui commença par créer des couvertures pour des œuvres de fiction pour adultes, fait à présent une magnifique carrière comme directeur artistique dans le secteur du livre pour enfants. L'adaptabilité est payante, surtout si vous avez l'intention à terme de devenir indépendant.

Nombre de concepteurs de livres free-lance commencent par travailler pour de grandes maisons d'édition, où ils apprennent à connaître le secteur et nouent des contacts à mesure qu'ils grimpent dans la hiérarchie. Ces grandes maisons font souvent appel à des indépendants et si vous avez un bon réseau, vous n'aurez pas à faire le siège des directeurs artistiques comme si vous débutiez. Mais ce n'est pas toujours évident : le risque de voir votre projet refusé est plus grand que si vous travailliez en interne, car l'éditeur peut avoir approché plusieurs indépendants pour le même projet. Mais si vous êtes pluridisciplinaire et qu'en plus vous avez un style reconnaissable, vous aurez davantage d'occasions d'exercer vos talents en free-lance que comme salarié. En outre, vous pourrez les mettre en œuvre dans des secteurs créatifs autres que l'édition de livres.

« Il m'est arrivé de créer quelques illustrations, de faire un peu de photo (très basique) et de dessiner des lettres quand nécessaire, généralement pour des raisons budgétaires. Je pense que c'est très intéressant et très apprécié de pouvoir offrir au client toutes les composantes nécessaires à la réalisation d'une couverture. »

Lucy Bennett, conceptrice de couvertures de livres free-lance

Page suivante : Réellement pluridisciplinaire, l'illustratrice Adolie Day crée des tissus pour enfants, des cartes de vœux et des objets cadeaux, elle vend ses œuvres en ligne. De haut en bas et de gauche à droite : papeterie La Marelle, couverture du livre pour enfants *Le Chasseur de papillons* (publié par Toucan Editions en 2008), une double page du même livre et une autre de sa série de livres à succès *Lilichou* (publiée par Amaterra/Nouvel Angle).

Littérature jeunesse

Le marché du livre pour la jeunesse couvre toute sortes d'ouvrages, du premier livre d'apprentissage pour les tout-petits jusqu'aux magnifiques albums illustrés, romans et anthologies destinés aux enfants plus âgés.

Actuellement se dégage dans le monde entier une tendance aux textes très illustrés, spécialement destinés aux garçons de plus de huit ans, afin de les inciter à lire autant que les filles de leur âge. Les couvertures de livres pour les jeunes adultes sont aussi très souvent illustrées.

Pour composer un livre d'images (ou d'ailleurs les pages intérieures de n'importe quel livre mêlant textes et images), il faut penser de façon séquentielle et comprendre le rythme visuel, afin d'attirer et de retenir l'attention de l'enfant. Cela suppose également une grande compréhension des styles d'illustration et de mise en pages susceptibles de plaire aux enfants. Adaptabilité, solides compétences typographiques, flair et imagination sont indispensables, ainsi qu'une bonne connaissance de Quark XPress, InDesign, Photoshop et éventuellement d'Illustrator.

Quelles que soient les conditions des autres secteurs de l'édition, le livre pour enfants peut être considéré comme une source fiable de travail pour les illustrateurs dont le style convient à la jeunesse. Quelle que soit la tranche d'âge ciblée, le portfolio de l'illustrateur doit montrer que celui-ci possède un vrai talent de dessinateur et qu'il est capable d'inventer et de faire vivre des personnages forts, intéressants et surtout très concrets, auxquels les jeunes lecteurs de la tranche d'âge visée peuvent s'identifier. C'est plus facile à dire qu'à faire. J'ai vu plus d'un livre illustré où le jeune héros vieillit ou rajeunit presque à chaque fois qu'on tourne la page, ou bien où le monstre ne cesse de changer (involontairement) de forme ou de taille. Il faut vous tenir sans cesse au courant de ce qui se passe sur le marché et (cela semble évident) il peut se révéler utile sur le long terme de savoir dessiner des bébés et des enfants – bien que certains illustrateurs aient bâti leur carrière sur leur capacité à bien dessiner les animaux. Il faut néanmoins noter que les marchés ne sont pas tous identiques. Les livres d'images européens sont destinés à des enfants bien plus jeunes (en dessous de sept ans) que ceux publiés aux États-Unis (enfants en dessous de douze ans), pour lesquels les illustrations peuvent être plus sophistiquées.

Le travail des éditeurs est considérablement simplifié par les auteurs-illustrateurs qui fournissent à la fois le texte et les images. Comme ces derniers sont à la fois responsables des mots et des dessins, ils ont en général une idée très précise de ce à quoi leur livre doit ressembler – ce qui facilite également la vie du directeur artistique et du graphiste. Bien qu'il y ait toujours du travail pour les illustrateurs qui n'aiment pas écrire, il est clair qu'il y a beaucoup plus de bons illustrateurs que de bons auteurs, et que les éditeurs sont toujours à la recherche d'histoires nouvelles capables de plaire au plus grand nombre de lecteurs. Si vous avez un début d'histoire formidable mais que vous n'avez pas grande confiance dans vos talents d'écrivain, un éditeur habile et intéressé peut vous aider à concrétiser ce projet.

Livres éducatifs

Les compétences requises pour travailler dans ce secteur sont les mêmes que pour la composition de livres illustrés, bien que les livres éducatifs ne soient pas tous destinés aux enfants. Quand c'est le cas toutefois, la lisibilité, la clarté, la simplicité sont essentielles, ainsi qu'une bonne connaissance de l'imagerie susceptible de plaire aux enfants. Il est bon également de savoir se servir de Flash, dans la mesure où de nombreux éditeurs se spécialisent dans les produits interactifs.

Les illustrateurs qui se destinent aux livres pour enfants font souvent leurs premières armes dans l'édition scolaire, où la concurrence est moins forte. Les sujets sont très variés et comportent parfois de la fiction et de la poésie. Toutefois, le travail est en général moins bien payé que dans le secteur du livre pour enfants et il est moins reconnu. Les livres éducatifs ont souvent des délais plus serrés et des briefs plus stricts. Mais comme les illustrateurs talentueux les délaissent le plus souvent, les éditeurs du secteur éducatif sont moins exigeants qu'en littérature jeunesse : ainsi, selon le projet, ils attacheront moins d'importance à la caractérisation des personnages que les éditeurs spécialisés dans les livres illustrés.

Bien que ce marché puisse servir de tremplin aux illustrateurs désireux de faire carrière dans le livre illustré, il n'est en aucun cas destiné uniquement aux enfants. Bien des ouvrages éducatifs, tels que les dictionnaires, les textes de référence et les manuels, sont destinés aux adultes, par exemple aux enseignants et étudiants de l'enseignement supérieur, ou aux personnes présentant des difficultés d'apprentissage. Ils peuvent donc accueillir une bien plus grande variété de styles, noir et blanc ou couleur, que les livres pour enfants.

«Je fais appel de temps en temps à des illustrateurs qui n'ont jamais été publiés, à condition qu'ils aient un super portfolio. L'avantage, c'est qu'on a vraiment du neuf et de l'inédit, et aussi qu'on peut diriger ces gens-là plus facilement. En plus, ils sont souvent très enthousiastes. Le problème, c'est qu'ils n'ont pas encore toutes les compétences des professionnels, donc il faut être patient.»

Steve Scott, Directeur artistique, Scholastic

Ci-dessous : Les éditeurs sont toujours à la recherche de bons dessins en noir et blanc destinés aux enfants de huit à onze ans. Voici une illustration de David Roberts pour *The Lepidoctor*, un conte tiré de *Ten Sorry Tales* de Mick Jackson, publié par Faber & Faber en 2005.

Ci-dessous : Ces réalisations de l'illustrateur portugais André da Loba donnent une idée de son style 3D gai et coloré, idéal pour la création de livres illustrés. De haut en bas, la couverture, les pages intérieures et les esquisses de son livre *El Oso y el Cuervo* (L'Ours et le Corbeau), publié chez OQO Editoria.

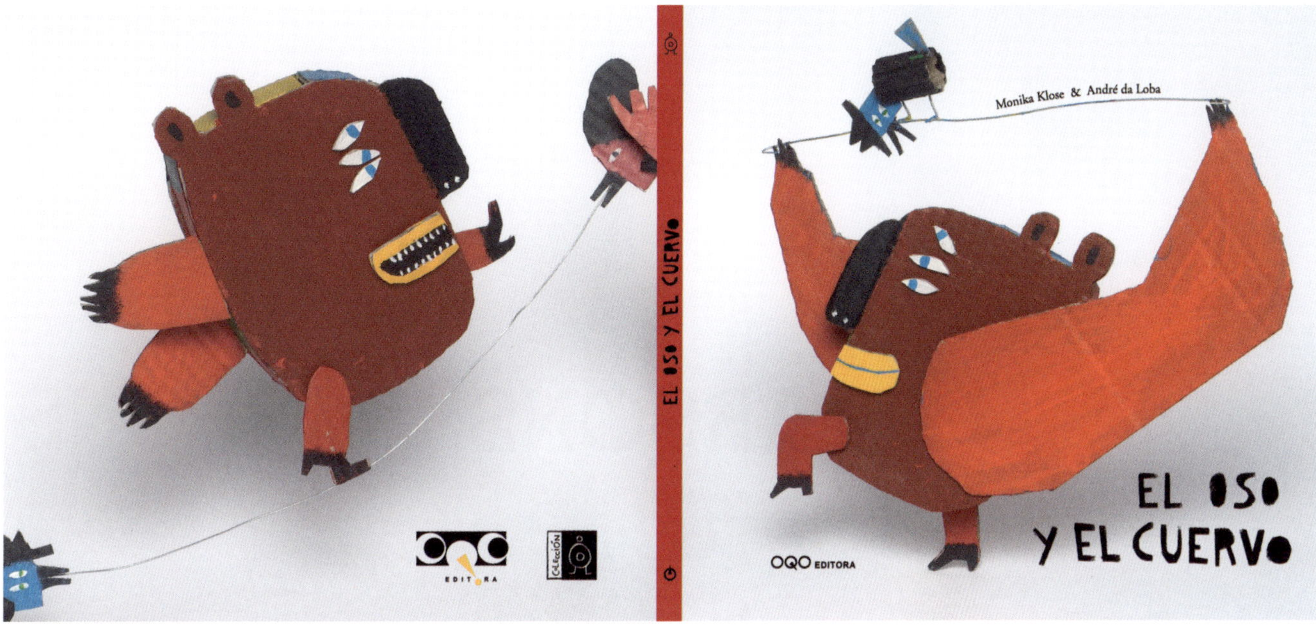

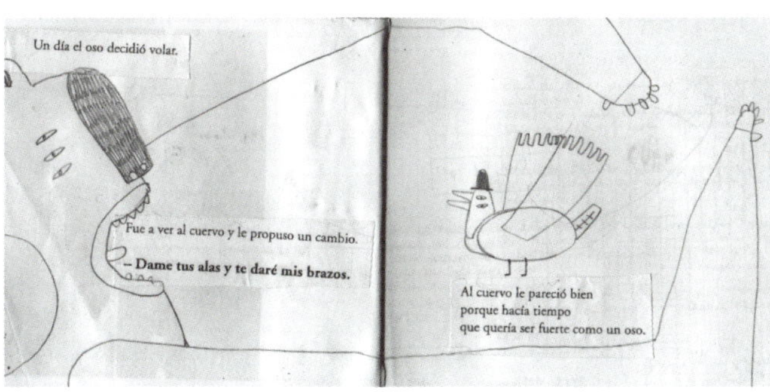

Ci-dessous : Quelques exemples de couvertures de livres de fiction, entre autres. Rangée du haut : couverture de Liam Relph, illustration de Christopher Wormell (éditions Square Peg), deux couvertures d'une série de livres, créées par David Wardle (éditions Hodder & Stoughton). Rangée du bas : illustration/composition de Liam Relph (éditions Harvill Secker) ; composition de Henry Steadman (Headline Publishing) et couverture de Meg Paradise de Mucca Design (Rizzoli).

Page suivante : Contrairement aux graphistes salariés, l'artiste pluridisciplinaire free-lance Henry Steadman jouit d'une grande liberté pour créer des couvertures de livres sortant de l'ordinaire (pour Orion Publishing).

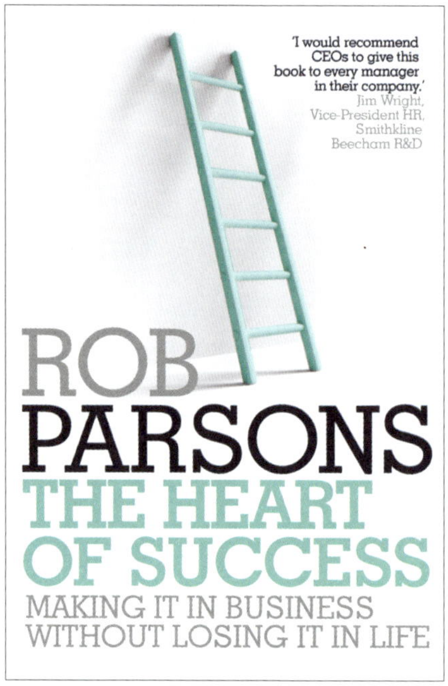

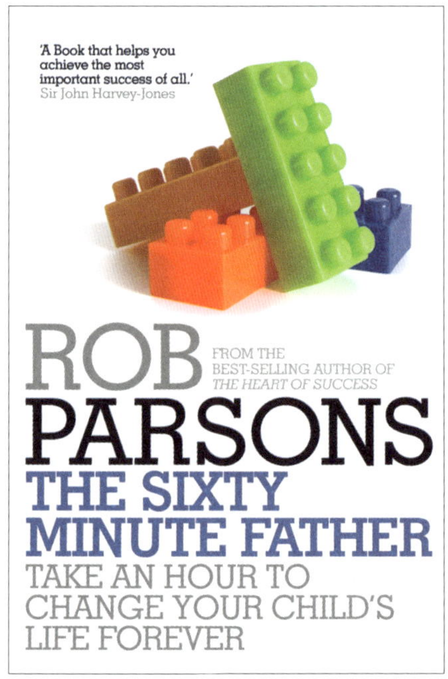

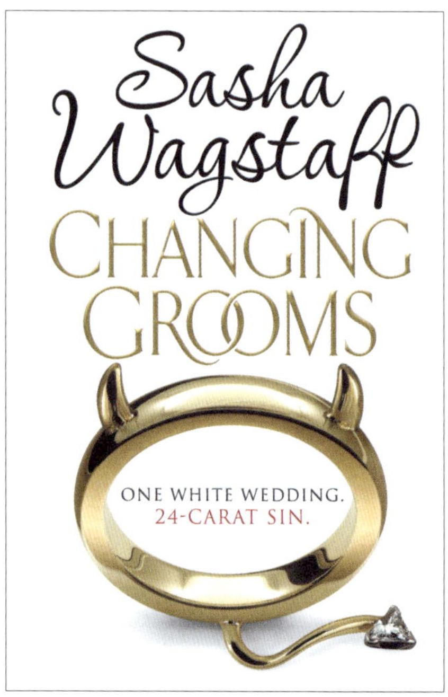

«Un illustrateur qui sait faire à la fois de belles images et de belles lettres, d'imprimerie et manuscrites, est fort utile.»

Eleanor Crowe, Directrice artistique, The Folio Society

Livres de fiction pour adultes

Pour créer des couvertures de livres il faut savoir utiliser des logiciels comme QuarkXPress (bien que certains éditeurs tendent actuellement à l'abandonner), InDesign, Photoshop et Illustrator. Comparé à la création d'un livre complet, rempli de textes et d'images, la composition d'une couverture de livre peut sembler plus simple. Il s'agit en tout cas d'un processus plus condensé, avec bien sûr des délais plus serrés. Le créateur de couverture doit posséder de nombreuses qualités : souplesse, solides compétences en typographie, capacité à utiliser l'iconographie sous toutes ses formes, connaissance parfaite des différentes présentations selon les genres. De nombreux créateurs de couvertures sont attachés à une maison d'édition mais, une fois qu'ils ont constitué un bon portfolio et noué un nombre suffisant de contacts, certains choisissent de s'installer en indépendant, surtout s'ils peuvent faire valoir une réelle polyvalence, ou au contraire une spécialisation dans tel ou tel type de littérature.

Malheureusement, hormis l'édition à compte d'auteur, le marché éducatif ou les éditions de club comme France Loisirs, la fiction pour adultes offre peu d'opportunités aux illustrateurs. Les artistes qui s'intéressent à la narration destinée aux adultes sont essentiellement limités à la création d'images pour les couvertures de livres. Les genres grand public, comme les romans historiques, la science-fiction, l'horreur, le roman féminin ou les polars se vendant mieux que la littérature «classique», la plupart des éditeurs publient moins de fiction littéraire et en plus petites quantités. Un roman grand public d'un auteur populaire, par exemple, peut être tiré à 400 000 exemplaires, tandis que le premier livre d'un jeune inconnu ne peut guère en espérer plus de 4000. Du coup, les couvertures de livres grand public sont en général mieux payées que celles des œuvres littéraires, bien qu'en général leurs illustrations soient moins originales.

Les couvertures grand public sont souvent stéréotypées et restent semblables au fil des années (l'éditeur cherche à écouler les exemplaires par centaines de milliers, alors quand il trouve LA couverture qui marche…). En revanche, les couvertures littéraires reflèteront davantage les dernières tendances en matière de composition et d'illustration. Si votre travail est plus synthétique que réaliste, et que vous aimez le genre narratif, ce domaine devrait vous convenir, mais n'oubliez pas que sur un marché aussi étroit, la concurrence sera plus rude. Les graphistes indépendants ont en général des budgets plus petits que ceux avec lesquels travaillent les graphistes maison; ils font souvent appel à des banques d'images et à des visuels libres de droit afin de réduire leurs coûts. Les illustrateurs ont donc tout intérêt à contacter des graphistes de livres de fiction employés en interne.

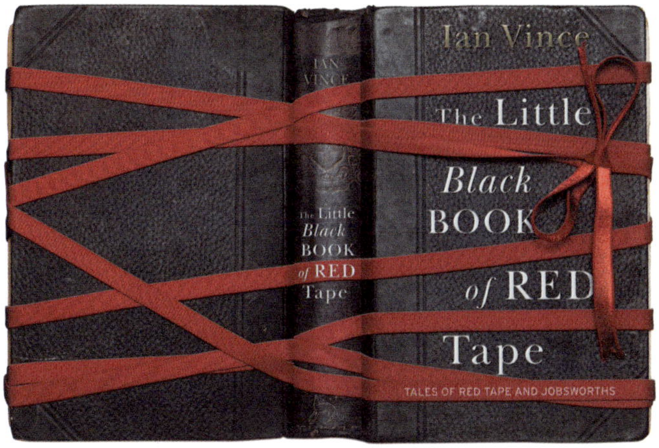

Autres livres pour adultes

Malgré un public différent, les compétences requises pour travailler dans ce secteur sont très semblables à celles nécessaires pour la création de livres illustrés (voir p. 48). Selon le type de publication, le temps consacré à la production peut varier. Un livre lié à une série télé, par exemple, peut être soumis à des délais plus serrés.

Les autres livres pour adultes, surtout ceux classés dans les rayons «vie pratique», sont parfois très illustrés, mais le plus souvent à l'aide de photos. Cela peut être dû à la tendance du moment, au sujet lui-même, ou simplement aux choix esthétiques de l'éditeur. Ainsi, un éditeur spécialisé dans les publications bon marché peut réduire les coûts de production en réutilisant des photos dont il possède déjà les droits, alors qu'un éditeur plus haut de gamme en commandera de nouvelles. Un livre écrit par un grand chef cuisinier, un architecte d'intérieur à la mode ou un gourou du fitness comportera plus vraisemblablement des photos que des illustrations, surtout si l'auteur est photogénique. Néanmoins, étant donné la grande variété des sujets – du football à la réparation automobile en passant par la méditation transcendantale –, les opportunités ne manquent pas pour les illustrateurs, surtout ceux qui sont très spécialisés, par exemple dans le dessin botanique, médical ou d'histoire naturelle ou ceux qui excellent dans les cartes géographiques, les diagrammes, les plans d'intérieur ou d'extérieur, et les illustrations didactiques.

Ci-dessous : Même à une époque où un nombre incalculable de polices de caractères sont à portée de clic, il existe toujours une demande pour la calligraphie classique dans le monde de l'édition. Ici, les lettres ont été dessinées par l'illustrateur/calligraphe Peter Horridge sur une composition d'Eleanor Ridsdale (pour Laurence King Publishing).

Ci-dessous : La couverture de cette édition contemporaine de la *Bible* a été illustrée par Steve Wilson (pour Hodder & Stoughton), preuve qu'une approche visuelle neuve est possible, même pour le plus ancien des sujets.
En bas : Rafael Nobre, artiste indépendant brésilien, a combiné de façon remarquable ses talents pour la composition et pour l'illustration dans cette commande d'une couverture de livre (pour Editora Record).

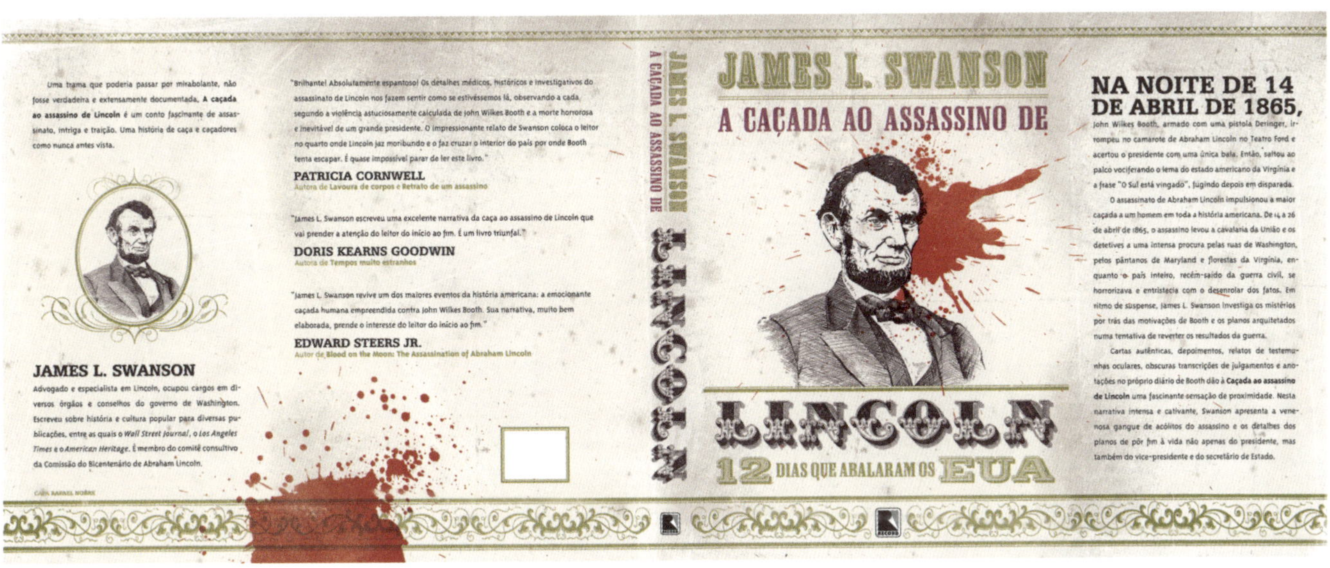

« La bande dessinée est un art narratif… Il ne suffit pas de savoir dessiner : il faut aussi avoir le sens de l'espace et du temps, c'est-à-dire du rythme, de la mise en pages et de la typographie, posséder et utiliser le vocabulaire visuel propre à la BD (bulles de pensées, traits de mouvements, etc.). C'est pourquoi les éditeurs veulent voir des strips ou des planches, et pas seulement des personnages. »

Stever Preston, auteur de BD, peintre et éditeur

Page suivante : De nombreux dessinateurs de BD suivent une carrière parallèle comme illustrateurs commerciaux. Le créateur de Chloe Noonan, Marc Ellerby, travaille pour plusieurs clients de l'industrie musicale. Fervent supporter de la presse indépendante, Marc a réalisé plusieurs projets solo, parallèlement à son travail pour Oni Press et Image Comics.

La bande dessinée

Il existe deux voies pour entrer dans le monde de la bande dessinée. Que vous choisissiez la voie indépendante ou la voie commerciale, votre réussite va dépendre avant tout de l'endroit où vous vous trouvez et/ou vendez votre travail. Certains pays, notamment la France, le Japon et les États-Unis, ont des marchés plus importants que d'autres, et ces marchés varient selon la culture dominante. Au Japon et en Europe (à l'exception du Royaume-Uni), les bandes dessinées, même grand public, ne sont pas considérées comme l'apanage exclusif des enfants et des adolescents. Les genres sont variés et les publications s'adressent aux deux sexes et à des tranches d'âge très diverses.

Selon le type de travail que vous réalisez, et selon que vous vous consacrez exclusivement ou non à ce genre, vous devrez éventuellement, pour compléter vos revenus, vous adresser à des marchés étrangers ou vous ouvrir à d'autres secteurs : illustration (notamment dans le secteur de la presse jeunesse), storyboards pour le cinéma et la télévision, création de personnages pour les jeux vidéo et l'animation, communication visuelle, etc.

La bande dessinée indépendante, qui a ses éditeurs importants mais qui fonctionne aussi beaucoup à l'auto-édition (fanzines, ouvrages collectifs, séries limitées sérigraphiées, etc.), n'offre que très peu d'opportunités aux graphistes. Si le succès de l'auteur attire l'attention d'un éditeur commercial, un graphiste maison ou indépendant prendra en charge la composition. Toutefois, les éditeurs commerciaux de BD, comme les autres éditeurs de livres, emploient des graphistes. Les graphistes et les lettreurs obtiennent également des commandes des éditeurs de BD.

La voie indépendante

Les BD indépendantes sont la plupart du temps créées entièrement par leur auteur, qui possède ainsi un contrôle artistique total, ainsi que les droits sur le sujet dans toute négociation future avec un éditeur, à supposer qu'il ou elle ait la chance d'en trouver un. Les éditeurs – même engagés dans la BD d'auteur – sont là pour gagner de l'argent, et n'envisageront jamais de publier un travail qui n'a pas déjà rencontré un public suffisant (sauf exception). L'auteur doit donc commencer par toucher un public aussi large que possible avant d'approcher un éditeur, quel que soit son profil.

Cela peut se faire de plusieurs façons : dans les librairies spécialisées, les librairies artistiques, et même les magasins de musique et de vêtements branchés – ce genre de commerce accepte en général de prendre des publications en dépôt. Les réseaux de distribution indépendants peuvent vous indiquer des boutiques hors de votre zone géographique ou vendre vos œuvres en ligne – mais rien ne vous empêche de vendre ou même de publier en ligne vous-même, comme le font bien des auteurs. Tenir un blog est devenu le moyen le plus simple et efficace de publier régulièrement, de toucher un public, et de tenir informés les éditeurs. Certains distributeurs ont également recours aux éditions limitées, produisant de tout petits tirages « faits maison ». Les petites foires aux livres et les grands salons de la BD, comme celui, très fréquenté, qui se tient tous les ans depuis des années à Angoulême, attirent des collectionneurs et offrent la possibilité de rencontrer des confrères, des distributeurs et des écrivains à la recherche d'illustrateurs. Le salon du livre jeunesse de Montreuil est aussi un lieu de rencontres important, ainsi que le salon de l'illustration de Bologne, en Italie.

Il revient aux auteurs de BD de développer leur réseau, de fréquenter les ateliers collectifs et les rendez-vous professionnels du secteur, d'engager le maximum de collaborations associatives, et de trouver les outils d'autopromotion adaptés. Cependant la BD indépendante n'est en général pas très lucrative et les créateurs, même ceux qui réussissent le mieux, doivent avoir d'autres cordes à leur arc pour gagner leur vie.

La voie commerciale

Le tableau est assez différent avec la BD commerciale. La contribution créative personnelle de l'illustrateur (employé comme indépendant et travaillant en général chez lui) est faible. Il travaille en équipe, avec des auteurs, des lettreurs, etc., sur des histoires dont l'éditeur ou l'auteur d'origine possède les droits. Nombre d'entre elles sont liées à des mythes ou des personnages de BD revisités (par exemple Spirou), ou à des thèmes issus du cinéma ou de la littérature de genre : western, mafia, science-fiction, *heroic fantasy*, etc. Les histoires de super-héros sont particulièrement populaires en France et aux États-Unis. Les styles sont très variés et les éditeurs cherchent sans cesse de nouveaux moyens de rajeunir les vieilles idoles. Les mammouths du secteur, comme Media Participation (Dargaud, Dupuis, Le Lombard...), Marvel et DC, dominent le marché mondial et recrutent beaucoup d'artistes parmi les meilleurs : la concurrence est donc rude. Quel que soit votre style, vous devez posséder de solides compétences en dessin séquentiel pour être capable de dessiner les personnages de façon solide et constante. Pour l'édition anglaise et américaine particulièrement, il est très important que vous sachiez dessiner les personnages du *comics* pour lequel vous espérez travailler.

« En Grande-Bretagne, il y a un grand nombre de talents à l'état brut en BD qui ne trouvent pas de débouchés, et qui rêvent d'un succès très peu accessible ici. Mais il suffit de traverser la Manche pour trouver, en France et en Espagne, des pays qui adorent la BD et où le marché se porte très bien. »

Boo Cook, dessinateur de BD

Les grands salons de la BD commerciale, comme ceux de Bristol et de Birmingham en Angleterre, mais aussi celui d'Angoulême, offrent à tous ceux qui souhaitent percer une occasion de rencontrer des éditeurs de façon informelle et d'assister aux conférences données par des professionnels de premier plan représentant toutes sortes de genres. Certains salons permettent également aux artistes de montrer leurs portfolios à des professionnels invités et je connais plusieurs illustrateurs qui ont décroché des contrats relativement bien payés en fréquentant ces salons. Bien que ces grandes foires attirent une clientèle différente de celle des petits salons indépendants, rien n'empêche un auteur s'éditant lui-même de louer un stand afin de présenter son travail à un vaste public – mais attendez-vous à perdre de l'argent.

Outre les salons et foires professionnels, il existe des sites sur le web qui fournissent les coordonnées d'éditeurs dans le monde entier. Mais n'oubliez pas que les conditions de présentation sont variables : certains exigent des projets terminés, tandis que d'autres se contentent d'échantillons révélateurs de votre style. Mieux vaut toujours se renseigner sur les maisons d'édition pour savoir ce qu'elles recherchent.

Il est difficile de gagner sa vie comme dessinateur de BD, même dans le secteur commercial. Aussi n'oubliez pas que d'autres styles de publication privilégient une approche séquentielle de la narration. De nombreux éditeurs éducatifs se servent de la bande dessinée pour séduire les adolescents qui ne lisent pas ou peu, ou pour rendre plus intéressants aux yeux des jeunes, surtout des garçons, des livres qui pourraient être considérés comme ennuyeux. Les classiques de la littérature rajeunis en romans graphiques sont de plus en plus courants. Il existe même une version BD de *À la recherche du temps perdu*. Les magazines, surtout pour la jeunesse, contiennent souvent des BD : si vous avez de la volonté et de l'inspiration, ce peut être un moyen de vous faire remarquer.

Page précédente : Exemples du travail du dessinateur de BD Boo Cook : *Elephantmen* (en haut) et sa minisérie *War Toys* (en bas). Les BD à succès sont souvent par la suite réunies en anthologies, ce qui peut générer de nouvelles commandes.

Ci-dessous : Jusqu'à la publication de son roman *The Time Traveler's Wife*, Audrey Niffenegger était surtout connue comme peintre et graveur. *The Three Incestuous Sisters* (pour The Random House Group Ltd), publié à l'origine par son auteur en édition limitée de dix volumes réalisés à la main, a demandé quatorze ans de travail.

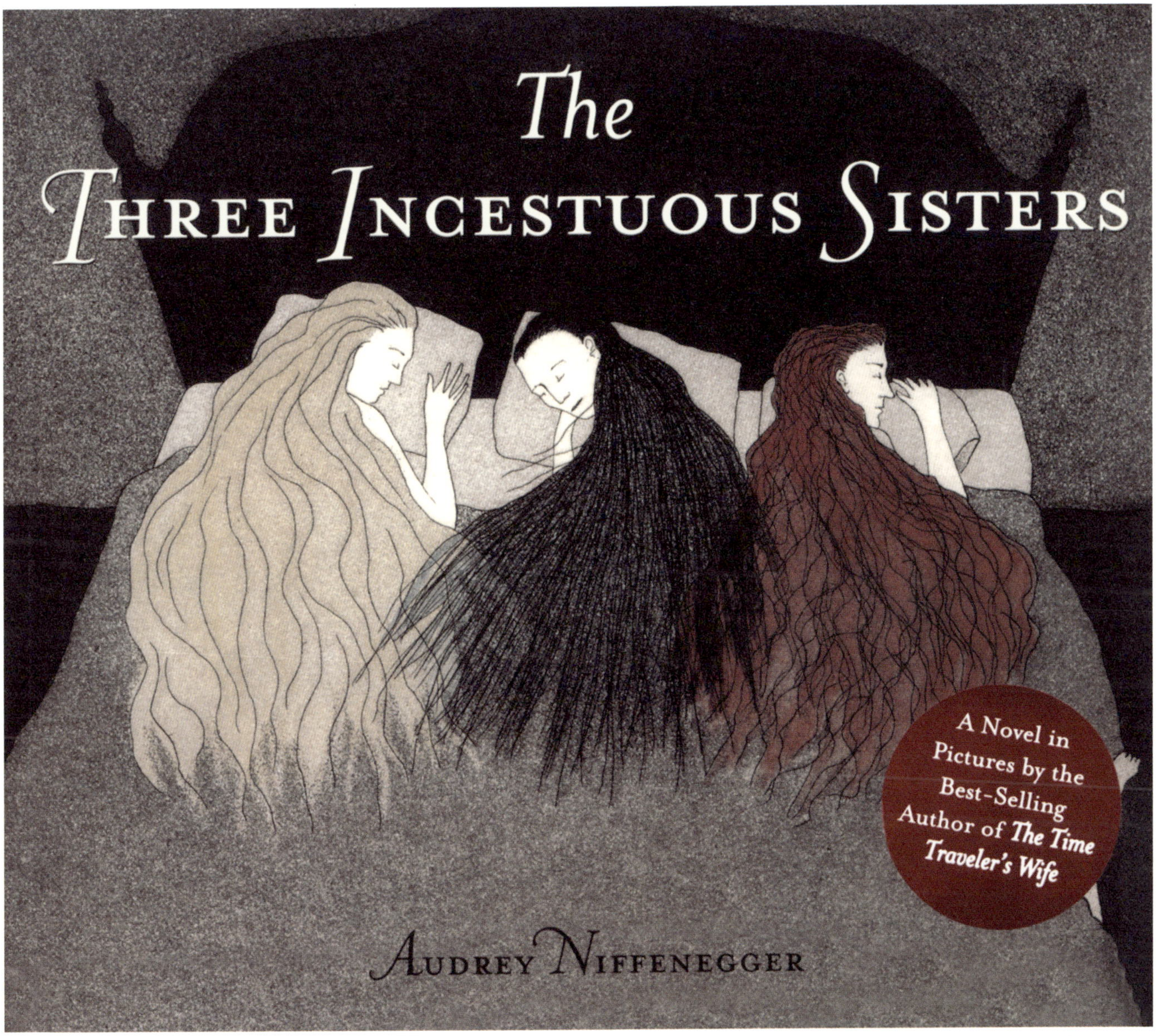

Télévision et cinéma

Come nous l'avons déjà vu, certains studios de création et consultants en stratégie de marque se spécialisent dans l'industrie du divertissement. Inutile de dire que ce marché, extrêmement réduit, est soumis à une forte concurrence.

« La taille de la société est certes importante, mais je pense qu'un jeune créatif peut vivre une expérience saine et fructueuse dans des environnements de travail très divers. »

Doug Powell, Directeur de la création, Schwartz Powell Design

Opportunités pour les graphistes

Le travail réalisé pour une chaîne de télévision peut impliquer la création intégrale de son identité visuelle, ou le rajeunissement de son image de marque destiné à séduire une nouvelle audience. Bandes-annonces, génériques, habillage d'émissions, campagnes de promotion d'un programme peuvent tomber dans l'escarcelle du graphiste, et il arrive même que certains se voient attribuer un rôle de réalisateur. À l'inverse, les chaînes elles-mêmes emploient relativement peu de graphistes. Comme la plupart des programmes sont achetés complets, avec leurs génériques, aux maisons de production qui les fabriquent, les graphistes maison seront plutôt chargés de créer des images pour les productions régionales, par exemples, les journaux d'information (France Télévisions a un service spécial pour la création d'images liées à l'info) ou des bandes-annonces.

Les créatifs qui s'intéressent particulièrement à l'animation ont intérêt à cibler des agences graphiques spécialisées dans la télévision ou des maisons de production. Néanmoins, ces dernières offriront sans doute moins de liberté de création et de satisfaction au graphiste, dans la mesure où son rôle est avant tout technique et consiste surtout à mettre en œuvre les idées du réalisateur plutôt que les siennes (il y a des exceptions, par exemple *Karambolage* sur Arte). Concernant les débutants, les maisons de production attachent beaucoup plus d'importance aux compétences informatiques que les entreprises de création graphique, qui s'intéressent plutôt aux idées et aux solutions créatives.

Dans l'industrie du cinéma, le travail du graphiste peut également impliquer des animations, généralement pour la création ou la modification de bandes-annonces, et de la retouche vidéo en postproduction. Il y a aussi beaucoup de travail annexe, imprimé ou pour le web, comme les affiches, les flyers et les publicités presse et web pour la promotion des sorties, en salle et en DVD, les sites web de promotion des films et enfin le matériel destiné au packaging de DVD et à l'habillage des points de vente.

Voici mon conseil pour trouver du travail dans le secteur télé et cinéma : recherches (il existe plusieurs publications et annuaires en ligne qui recensent les maisons de production et fournissent des liens vers leurs sites); stages; concours; réseau; offres d'emploi; connaissance de l'évolution du secteur. Il va sans dire que votre portfolio (ou votre film) doit refléter vos centres d'intérêt et les différentes disciplines dans lesquelles vous pouvez travailler.

« En général, nous recherchons une gamme de compétences, puis nous encourageons l'expérimentation et les progrès avec différents logiciels et techniques. Comme notre entreprise est petite, et aussi par choix, nous sommes toujours au four et au moulin. Dans notre équipe, chacun s'essaie à différentes méthodes et techniques, tout en se spécialisant dans certains domaines. »

Judy Wellfare, Directrice de la création, Plus et Plus

Ci-dessous : Bahn TV est la chaîne de télévision de la compagnie de chemins de fer nationale allemande Deutsche Bahn (disponible uniquement sur le web). Les identifiants, tels que celui-ci, créé par le graphiste TV berlinois Sascha Verwiebe, font partie des attributions du graphiste TV, de même que les bandes-annonces, les génériques et les campagnes de marque.

Ci-dessous : Depuis l'intégration de son travail dans le premier album de Ladyhawke, les œuvres de l'artiste australienne Sarah Larnach ont construit l'identité visuelle du musicien. Ces images proviennent de la promo du single *My Delirium*, dans laquelle le style caractéristique de l'artiste était animé. Le film a été réalisé par le duo Frater de Partizan Lab, pour Modular Recordings.

Opportunités pour les illustrateurs

Il est rare que des illustrations soient commandées pour les identités de chaînes TV. Comme les logos et autres identifiants sont utilisés sur plusieurs années, la chaîne devrait acheter le copyright de l'image, ou renouveler sans cesse sa licence d'utilisation, ce qui en irriterait plus d'un. Dans la promotion de films, l'illustration est avant tout affaire de mode ; au moment où nous écrivons, on en utilise très peu, à l'exception de la promotion de petits films indépendants ou de films d'auteurs réputés (par exemple Alain Resnais). Le travail d'illustration est plutôt spécialisé et les maisons de production emploient régulièrement des storyboardeurs et des artistes-concepteurs. Comme les studios de création, ces entreprises sont très variées en termes de secteurs ciblés et de domaines d'expertise. Ainsi, outre le cinéma et la télévision, un storyboardeur travaillant pour plusieurs maisons de production pourra être impliqué dans la création de publicités, de promotions musicales, de vidéos d'entreprise, de vidéos pédagogiques, ou dans la documentation audiovisuelle d'événements.

Storyboards

Il existe deux grands types de storyboards. Le premier sert à établir le ton visuel d'un film, d'une promo, d'un générique ou d'une publicité. Dans le cas des films, le travail de la maison de production consiste à trouver des fonds pour un projet, puis à le coordonner, processus dans lequel ces visuels de préproduction très travaillés, très colorés, jouent un rôle essentiel. Il n'est pas inhabituel qu'un réalisateur en herbe approche un storyboardeur avant de chercher une maison de production. Un montage des images correspondant aux séquences-clés du film permet au réalisateur d'expliquer le projet au client au cours des premières étapes de sa conception. Ce storyboard de préproduction s'intéresse davantage à l'ambiance générale du film qu'aux détails techniques.

Le deuxième type de storyboard a un rôle très différent. Entièrement consacré à la mise en scène et à la réalisation, détaillant l'action plan par plan, indiquant jusqu'aux gros plans et angles de caméra, il est destiné uniquement à l'équipe de tournage. Il est donc en général réalisé en noir et blanc, dans un style sobre, et peut être facilement photocopié. Comme les films sont rarement tournés dans l'ordre des séquences, le storyboard montre instantanément les scènes qui doivent être tournées en même temps en vue de réduire les coûts de production.

Certains secteurs conviennent mieux que d'autres à certaines personnalités – et talents. Produire un storyboard pour une agence de publicité peut être très payant, mais il vous faudra rendre le travail en deux jours et vous aurez très peu de latitude pour exprimer votre créativité. À l'inverse, dessiner le storyboard d'un film peut prendre trois ou quatre mois et sera moins bien rémunéré, mais ce travail sera moins stressant et plus créatif.

Le contenu de votre portfolio doit varier en fonction du type de client. Ainsi, vous devrez convaincre l'agence de publicité que vous pouvez vous charger des travaux les plus terre-à-terre (du style « maman pressée en train d'ouvrir un paquet de céréales »), tandis qu'une maison de production spécialisée dans l'imagerie informatique à gros budget pensera plutôt « super-héros mettant le feu aux hordes de vampires par la seule force de sa volonté ». Outre de solides compétences en dessin séquentiel et la capacité à mettre sur papier les idées des autres, vous devez être capable de penser de façon cinématographique – il est donc recommandé de savoir se servir d'une caméra.

Artiste-concepteur

Les maisons de production sont parfois à la recherche d'illustrateurs qui se sont déjà fait un nom dans le domaine du fantastique ou de la science-fiction, afin de les engager comme artistes-concepteurs. Toute grosse production de film fantastique emploie au moins un illustrateur de ce type, responsable du look général du film. Comme le storyboard d'ambiance, c'est avant tout un travail de visualisation précédant la production. L'artiste-concepteur travaille avec le réalisateur et le directeur artistique, qui définissent ensemble l'univers visuel et dramaturgique du film. Interviennent aussi les chefs de poste concernés par l'aspect visuel : directeur de la photographie (lumières), chef-décorateur, directeur des effets spéciaux de plateau, etc. L'artiste-concepteur intervient sur la cohérence de l'univers visuel, et fait des propositions concrètes pour nourrir l'imaginaire du film. Poste de travail davantage présent dans l'industrie hollywoodienne, on peut néanmoins citer le travail de l'auteur de BD Enki Bilal sur le film d'Alain Resnais *La vie est un roman* (1983), et les récentes productions de Luc Besson dans un registre plus commercial. Si vous souhaitez trouver du travail de conception visuelle dans l'industrie du cinéma, vous devez rechercher les productions actuellement à la recherche d'équipes et contacter le directeur artistique ou le directeur de production via la maison de production concernée. Essayez le site www.mandy.com, qui centralise les offres de recrutement de productions du monde entier. Les illustrateurs établis qui souhaitent travailler dans le storyboard peuvent proposer leurs services gratuitement sur un certain nombre de sites spécialisés.

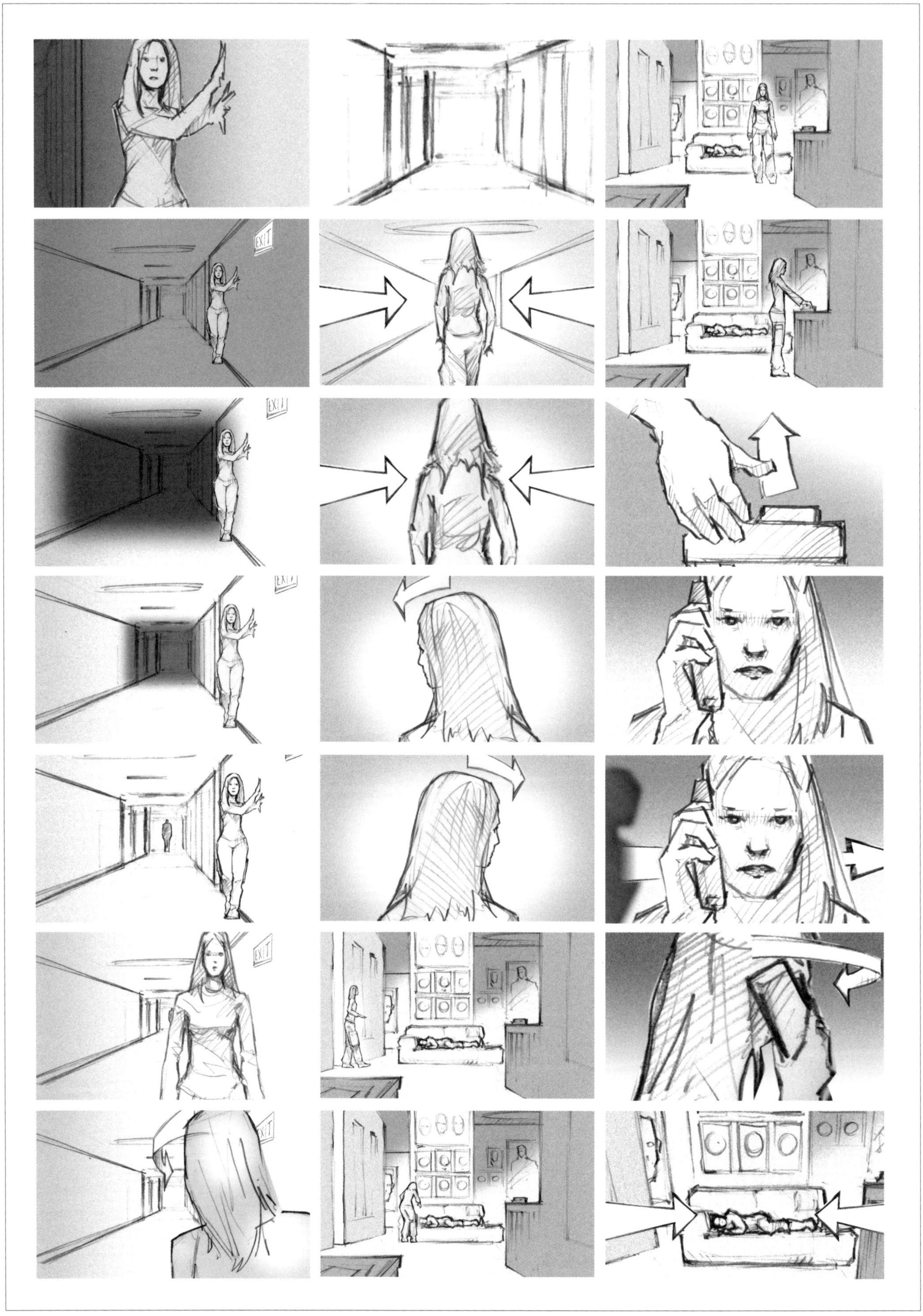
EXIT
EXIT
EXIT
EXIT

Page précédente : Les storyboards axés principalement sur la mise en scène, le cadrage et les mouvements de caméra, sont généralement produits en noir et blanc dans un style sobre. Celui-ci a été créé par le graphiste, illustrateur et storyboardeur Graham Humphrey pour le film *Reverb* de Eitan Arrusi, sorti en 2007.

Ci-dessous : Illustration conceptuelle montrant l'ambiance d'un film d'horreur à petit budget sorti en 2008 et intitulé *Flick*. Le metteur en scène David Howard prit contact avec l'illustrateur Alex Tomlinson après avoir vu certaines de ses œuvres publiées. Il s'agissait de produire l'affiche finale (en bas à gauche) ainsi qu'une double-page en style bande dessinée classique, utilisée pour le générique (en bas à droite).

Le développement de jeux vidéo

Ce secteur très populaire à très forte croissance fonctionne un peu différemment des autres domaines étudiés dans ce livre. Tout d'abord, il s'agit d'un des rares secteurs susceptibles de fournir aux illustrateurs des emplois salariés, à durée déterminée ou indéterminée, ainsi que des commandes aux indépendants. Du point de vue du développeur, avec des artistes salariés, il est possible d'exercer un certain contrôle sur des projets hautement confidentiels. Ensuite, étant donné la croissance du secteur et la dispersion géographique des développeurs, les occasions de voyager sont nombreuses.

Si les graphistes sont impliqués dans le packaging et la promotion des jeux vidéo, les illustrateurs et animateurs ont bien plus d'opportunités lors de la phase de postproduction. Néanmoins, selon l'entreprise et le type de projet, un illustrateur possédant une expérience de la création graphique peut être apprécié et certains développeurs recrutent des personnes offrant les deux compétences – par exemple, un illustrateur connaissant la création graphique, imprimée ou web, pour créer l'interface (écrans d'accueil et menus), tâche qui a lieu en phase de préproduction. La taille et la pratique des entreprises en ce domaine varient énormément et les rôles ne sont pas toujours précisément déterminés. Le type de travail offert et le nombre d'artistes impliqués dépendent surtout du projet. Les responsabilités se chevauchent souvent, l'aptitude au travail en équipe est essentielle et, comme pour les autres métiers créatifs, la capacité à communiquer ses idées oralement aussi bien que visuellement est indispensable à la mise au point d'un produit de qualité.

Compétences requises pour les illustrateurs

Grosso modo, on trouve deux sortes d'illustrateurs dans le développement de jeux : les artistes-concepteurs, qui travaillent en 2D dès les premières étapes de la préproduction, et les modeleurs 3D et les artistes très spécialisés dans les textures, qui donnent vie numériquement aux idées des premiers. Bien que certains artistes préfèrent se concentrer sur un domaine particulier, comme celui des personnages, des véhicules ou des environnements, il est conseillé aux débutants de faire preuve d'une grande variété de styles et d'un intérêt pour tous les sujets. Comme dans tous les secteurs où l'on travaille sur commande, il peut être intéressant de posséder un style individuel et identifiable. Néanmoins, étant donné que le look d'un jeu peut être réaliste, épuré ou proche du cartoon, l'inconvénient de n'avoir qu'un seul style, c'est qu'il ne correspondra pas forcément à celui que souhaite le développeur. De même, si vous partez avec le projet de vous spécialiser dans tel ou tel sujet, vous mettrez sans doute plus de temps à faire votre trou. Mieux vaut considérer la spécialisation comme un objectif à long terme plutôt qu'à court terme.

Malgré la popularité de certains programmes comme Paint Shop Pro et Painter, Adobe domine actuellement le marché et il est aussi important de maîtriser Photoshop que de savoir dessiner. Les développeurs ne sont pas toujours regardants sur la façon dont les visuels sont créés, mais si votre travail doit être intégré dans d'autres aspects du développement, il devra obligatoirement être compatible avec le système en place, quel qu'il soit. Habituez-vous si possible à travailler avec les résolutions et les formats de fichiers utilisés dans la modélisation numérique, comme avec les résolutions plus élevées destinées à l'impression. La modélisation numérique des jeux et de l'animation ne doit pas être confondue avec la modélisation polygonale haut de gamme utilisée pour le cinéma et la télévision. Alias Maya, LightWave ou 3ds Max sont les logiciels les plus courants.

De nombreux développeurs ont noué des relations privilégiées avec des écoles formant à la conception de jeux, et des cursus ont été mis au point en vue de leur fournir des professionnels hautement spécialisés. Les diplômés sont donc très recherchés. Les opportunités d'emploi se trouvent souvent sur les sites mêmes des développeurs, ainsi que dans les magazines et les sites web dédiés à l'industrie du jeu vidéo (qui offrent souvent d'excellents conseils de carrière), les agences de recrutement spécialisées et les sites communautaires. Il existe également des ressources permettant aux artistes-concepteurs de promouvoir leur travail en ligne, parfois gratuitement, mais certains sites d'hébergement exigent une année d'expérience professionnelle. Là encore, les emplois occupés et les travaux en free-lance vous aideront à vous établir en tant que professionnel.

Ci-dessous : : Le jeu *Invention Suspension* a été produit par Aardman Digital pour la promotion de l'exposition « Wallace and Gromit present A World of Cracking Ideas » au Science Museum de Londres. Ce jeu fonctionnait à la fois comme élément de marketing viral destiné à diriger le trafic vers le site Cracking Ideas, mais aussi comme divertissement pour les joueurs.

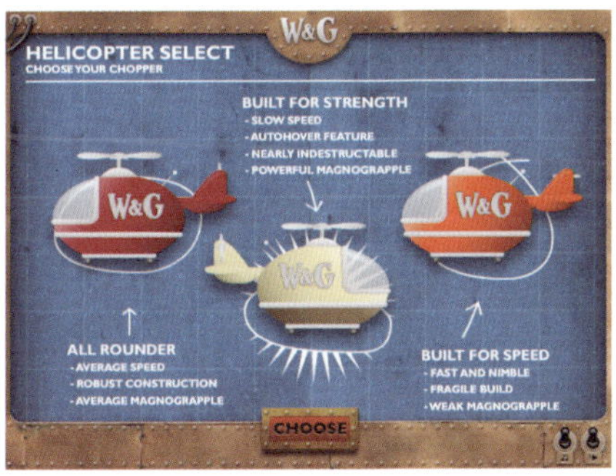

« Le meilleur avis à donner à un illustrateur débutant est d'avoir des compétences aussi larges que possible. Énormément de gens ne veulent dessiner que des personnages, mais c'est très restrictif. Les entreprises recherchent des gens capables de dessiner des environnements, des objets, etc. À mesure que l'illustrateur progresse, il peut se bâtir une réputation d'excellence dans tel ou tel domaine. »

Jim Thompson, coordinateur de cours, BA & MA Games Design, University of Central Lancashire, Royaume-Uni

Page précédente : Image extraite et travail préparatoire pour les environnements et les personnages du jeu vidéo en ligne *Machinarium*, dont le principal protagoniste est un petit robot. Amanita Design, société de développement indépendante, a été fondée par le créateur de jeux et artiste visuel tchèque Jakub Dvorsky, à l'esthétique étrange très particulière.

Ci-dessous : Exemples de développement d'un personnage en modélisation 3D, extrait d'un travail d'étudiant. Les croquis de départ (en bas à droite) servent à définir les traits, qui sont ensuite transcrits pour l'ordinateur à l'aide du logiciel Zbrush (en haut).

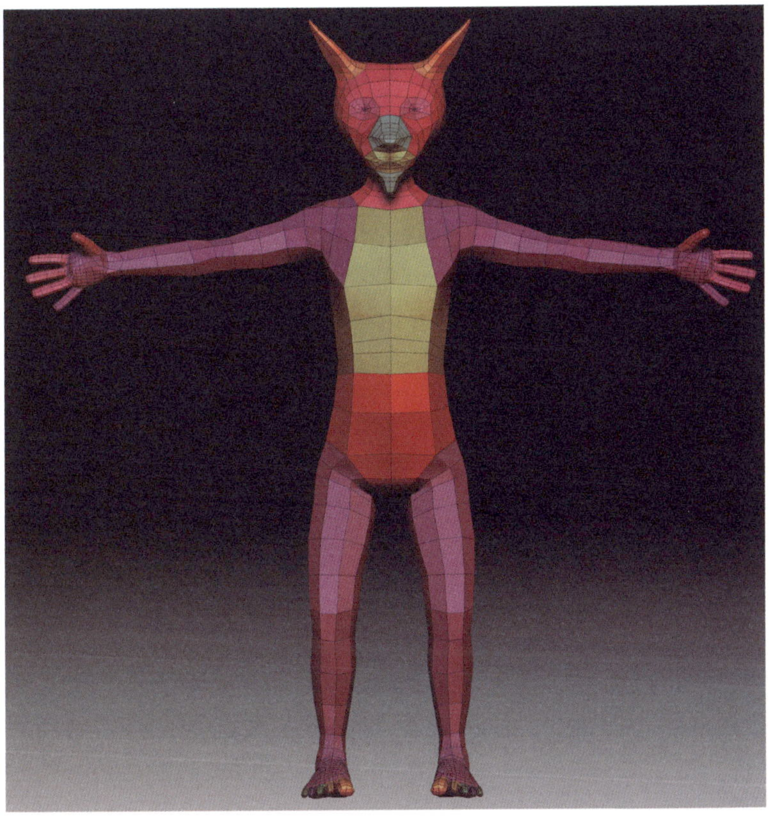

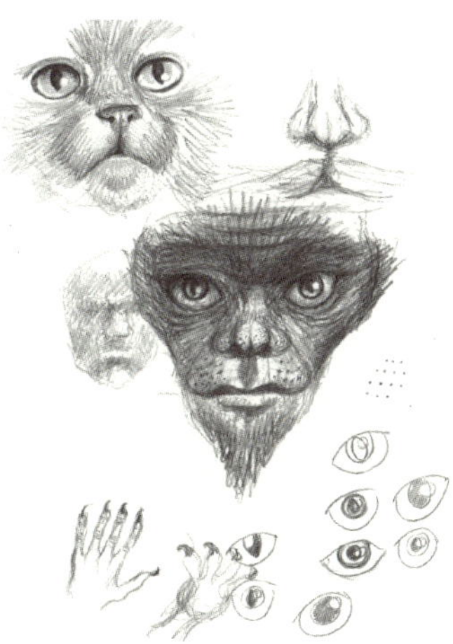

Happy
Birthday!
HAPPY BIRTHDAY
Happy
Birthday
Celebrate!
good
times
Party!!

Page précédente : Cartes dessinées par Andrew Pavitt (en haut), qui a commencé par éditer et distribuer lui-même ses propres cartes. Découvrant finalement qu'il préférait la création aux aspects plus administratifs du travail, il fait à présent éditer son travail par Art Angels. Rachel Harper (en bas) fait partie d'une équipe de concepteurs travaillant pour la société Inspire By Design, qui fonctionne aux projets gratuits et non à la commande ferme, comme les studios de création textile.

Les cartes de vœux

Parmi les éditeurs de cartes de vœux on trouve aussi bien de grandes sociétés internationales que des entrepreneurs individuels, qui se répartissent en deux catégories : ceux qui créent des cartes pour des grossistes et ceux qui se spécialisent dans la fourniture de détaillants. Bien que la qualité des cartes pour grossistes se soit considérablement améliorée ces dernières années, elles restent le plus souvent banales et sans usage spécifique. Il est donc préférable de cibler le marché de détail, qui paie mieux et où le travail est moins générique.

Emplois salariés

Les cartes de vœux constituent un secteur important quoique peu connu de l'industrie du cadeau et des objets décoratifs, du moins dans la culture anglo-saxonne où leur utilisation massive est une tradition : c'est un secteur susceptible d'offrir des emplois salariés aux graphistes débutants ou expérimentés. Il est possible de trouver des offres d'emploi dans les publications spécialisées, sur les sites web d'offres d'emploi et bien sûr sur les sites web des éditeurs. Certaines entreprises – comme Hallmark en Grande-Bretagne – proposent également des stages aux étudiants. Selon la taille de l'entreprise, les rôles peuvent varier et certains éditeurs ont une préférence pour les candidats dotés de compétences en illustration et en techniques mixtes. Les éditeurs ne travaillent pas tous avec des illustrateurs, car certains font plutôt appel à des photographes ou à des peintres. Dans ce cas, le travail du graphiste peut inclure la recherche d'images. Les éditeurs réputés pour leurs cartes illustrées peuvent produire tout ou une partie du travail en interne, tandis que d'autres préfèrent que les graphistes passent commande à des illustrateurs free-lance. Dans tous les cas, il est indispensable de bien connaître les dernières tendances du marché des cartes de vœux et de maîtriser Illustrator, Photoshop, QuarkXPress et InDesign. De solides compétences en typographie et en mise en pages sont également essentielles. Certaines entreprises emploient des spécialistes du carton et il est recommandé de s'intéresser au sujet si vous envisagez de travailler sur des cartes dépliantes ou avec gadgets.

Illustrer des cartes de vœux

Le secteur des cartes de vœux est l'un des rares domaines où la multiplicité des styles illustratifs est considérée comme un plus. Toutefois, il s'agit d'un marché à risque et les illustrateurs de cartes de vœux sont rarement payés pour leur travail de développement. En outre, à moins que l'illustrateur ait établi une relation de travail avec un éditeur, il n'y a aucune garantie que la série de cartes projetée sera menée à bien. Si l'éditeur ne connaît pas l'illustrateur, ou si le travail proposé est très éloigné de ce que produit habituellement l'entreprise, l'éditeur doit être sûr que les cartes se vendront avant d'investir dans leur production.

L'industrie du cadeau travaille avec plusieurs saisons d'avance – les cartes de la Saint-Valentin et de Pâques sont lancées au cours de l'été précédent et certains éditeurs de cartes fournissent à leurs illustrateurs des prévisions de tendance. Néanmoins, les identités visuelles des entreprises sont extrêmement variées et l'illustration décorative n'est pas le seul style qu'elles recherchent. Il y a aussi le style joli/insolite, bizarre/humoristique, traditionnel, beaux-arts, juvénile, ainsi que les cartes faites main.

Trouver le bon éditeur

Pour promouvoir leurs cartes de vœux, les éditeurs ont plusieurs possibilités, dont les foires et salons annuels, régionaux ou nationaux, qui ont lieu tout l'année. Ces salons sont fréquentés par des acheteurs de toutes sortes, depuis les propriétaires de petites boutiques de cadeaux indépendantes jusqu'aux représentant des grands magasins et chaînes, en passant par les agents, les grossistes et les distributeurs internationaux. Si vous envisagez une carrière dans la carte de vœux, vous devez donc vous rendre le plus souvent possible dans ces salons afin de mieux connaître cette activité et ce, que vous soyez un graphiste cherchant un emploi salarié, un illustrateur free-lance à la recherche de commandes ou que vous souhaitiez créer votre propre entreprise dans ce secteur. Les salons regroupent des centaines d'entreprises sous un même toit et vous permettent de découvrir beaucoup plus de créations qu'en visitant des boutiques une par une. N'oubliez pas, toutefois, que les éditeurs sont là pour vendre plus que pour acheter, et qu'ils ont rarement le temps d'examiner des portfolios. Mieux vaut leur demander si vous pouvez leur envoyer des échantillons de votre travail une fois le salon terminé.

Pour l'instant, l'idéal pour un illustrateur est de travailler pour un éditeur de cartes employant un graphiste qui se charge de commander les illustrations, car ainsi il a affaire à quelqu'un qui est formé aux arts visuels et à même de prendre les bonnes décisions. Le contrôle qualité est un bon critère des valeurs de l'entreprise. Avant de prendre contact avec un éditeur, vous devez vous assurer que les critères suivants sont remplis : d'abord, que leur production présente un niveau de qualité élevé, et ensuite, que votre travail corresponde à leur esthétique. Si vous êtes sur la même longueur d'onde, il y a moins de risques que votre travail soit refusé, par eux ou par les détaillants avec qui ils travaillent. Pour finir, ne cédez jamais à la tentation de répondre

Ci-dessous : Créatrice textile, Siobhan Harrison s'est par la suite tournée vers l'illustration et le secteur de la carte de vœux. Elle illustre à présent aussi bien des livres pour enfants que des cartes. Sa polyvalence la fait apprécier d'une large clientèle et lui permet de toucher à plusieurs genres, par exemple le style mignon à personnages (à gauche) ou décoratif (à droite).

aux offres publicitaires de journaux non spécialisés, du type « nouveaux éditeurs géniaux cherchent nouveaux illustrateurs géniaux ». Il s'agit toujours de start-up douteuses avec lesquelles toute relation de travail ne peut que mal se terminer.

Créer un portfolio

Lorsque vous mettez au point un portfolio à montrer à des éditeurs, vous devez garder présent à l'esprit un point important : il existe certes des gens qui préfèrent de jolies cartes « vierges », sans message, qui reflètent leurs goûts, leur personnalité ou leur sens de l'humour. Mais il en existe aussi qui préfèrent que les points soient déjà mis sur les i, parfois longuement, et même en vers ! Travaillant dans un magasin, j'ai ainsi un jour rencontré un client qui cherchait une carte portant le message « Bon anniversaire ma chérie ! ». Il m'informa que ce type de carte (et non un message personnel, écrit par lui, sur une carte non spécifique) était tout ce qu'il y a de plus normal. J'ai par la suite remarqué que les illustrateurs auxquels les éditeurs donnaient carte blanche pour créer des gammes de cartes vierges, ne se voyaient offrir cette opportunité qu'après des années passées dans le secteur de la carte à message, où ils avaient prouvé leurs qualités commerciales.

C'est pourquoi je recommande de réunir une sélection de petites séries « échantillons » montrant votre façon de traiter les thèmes courants : une série de cartes de mariage, de fiançailles et de Saint-Valentin, une autre de cartes d'anniversaire pour différents âges et liens de parenté, une autre de faire-part de naissance, baptême, etc. Cela vous permettra de montrer la variété de vos compétences.

S'installer comme éditeur

Graphiste ou illustrateur, si vous envisagez de devenir vous-même éditeur de cartes, vous devez réfléchir sérieusement à votre propre capacité à gérer une entreprise ainsi qu'aux financements nécessaires. Vous passerez en effet peu de temps à concevoir ou illustrer, et beaucoup à produire et à vendre : recherche de produits, négociations avec les imprimeurs, fabrication, emballage, expédition, démarchage de nouveaux clients par tous les moyens, facturation, recouvrement des impayés – tout en jonglant avec votre trésorerie. Vous aurez peu de temps pour faire vos preuves, aussi une étude préalable est de première importance.

Visitez les salons d'objets et de cartes déco, interrogez des agents, des détaillants et d'autres éditeurs de cartes au sujet de la viabilité commerciale de votre idée, avant même de la mettre noir sur blanc. Mieux encore, apprenez les ficelles du métier en effectuant des travaux de conception graphique ou d'illustration pour d'autres éditeurs. J'ai vu des éditeurs inexpérimentés prendre de mauvaises décisions uniquement par manque d'expérience – en imprimant par exemple des gammes trop limitées (la plupart des boutiques aiment avoir plus de deux ou trois modèles exposés) ou dans un format peu courant (carré), ou pas assez commerciales, ou dont le coût de fabrication était si élevé que le prix de détail devenait prohibitif.

Enfin, quand vous serez prêt à vendre vos cartes, commencez par les présenter dans les petits salons régionaux, plus abordables et moins dominés par les grandes entreprises que les grandes foires internationales.

Résumé
Comprendre le marché

1.

Vous devez impérativement connaître les principaux secteurs de l'industrie de la création pour pouvoir choisir ceux qui vous intéressent le plus et orienter vos recherches.

2.

Les stages dans des studios de création, des agences de publicité et des magazines ouvrent souvent la voie à des carrières de graphistes ; la plupart des illustrateurs sont indépendants et trouvent en général leurs premières commandes dans le secteur de la presse.

3.

Les agences de création graphique varient en termes de taille et de services proposés. Elles peuvent être pluridisciplinaires ou se concentrer sur certains secteurs, comme la mode ou la finance. Les spécialisations sont très diverses : stratégie de marque, packaging, conception web...

4.

La publicité paie mieux que tout autre secteur, mais il faut être prêt à travailler dur avec des délais serrés. Les agences sont souvent spécialisées dans certains médias comme l'imprimé, la télévision, le cinéma, la publicité web ou le publipostage.

5.

Le secteur de la presse est très vaste et comprend les magazines, les journaux et les publications professionnelles. Le style des créations graphiques et des illustrations variant selon le lectorat, il est important que les créatifs choisissent le type de publication correspondant le mieux à leurs compétences.

6.

L'édition de livres englobe non seulement les livres de fiction, mais tous les autres secteurs (pratique, scolaire, technique...), de formats différents, pour enfants et adultes. De nombreux graphistes devenus par la suite indépendants ont commencé comme salariés d'une maison d'édition. La littérature jeunesse et le livre éducatif représentent un débouché pour les illustrateurs dont le style convient à ce marché.

7.

Les bandes dessinées intéressent davantage les illustrateurs que les graphistes. Ce secteur propose deux voies : la bande dessinée indépendante d'auteur et le travail en free-lance pour un éditeur commercial.

8.

La télévision et le cinéma font partie de l'industrie du divertissement. La concurrence est rude dans ces secteurs, car il s'agit d'un marché limité. Les graphistes désirant travailler dans les maisons de production doivent posséder des compétences en informatique. Les illustrateurs free-lance sont régulièrement employés comme storyboardeurs et artistes-concepteurs.

9.

Le développement de jeux vidéo offre davantage d'opportunités pour les illustrateurs et les animateurs que pour les graphistes – c'est un des rares secteurs qui permette aux illustrateurs d'obtenir des emplois salariés internes de longue ou courte durée. Les artistes doivent connaître les résolutions et les formats de fichiers utilisés dans la modélisation numérique.

10.

Les cartes de vœux font partie de l'industrie du cadeau et peuvent offrir des emplois permanents aux graphistes. Les rôles varient et certains éditeurs préfèrent des candidats aux multiples compétences. Ce domaine créatif est l'un des rares où la variété des styles est un atout pour un illustrateur.

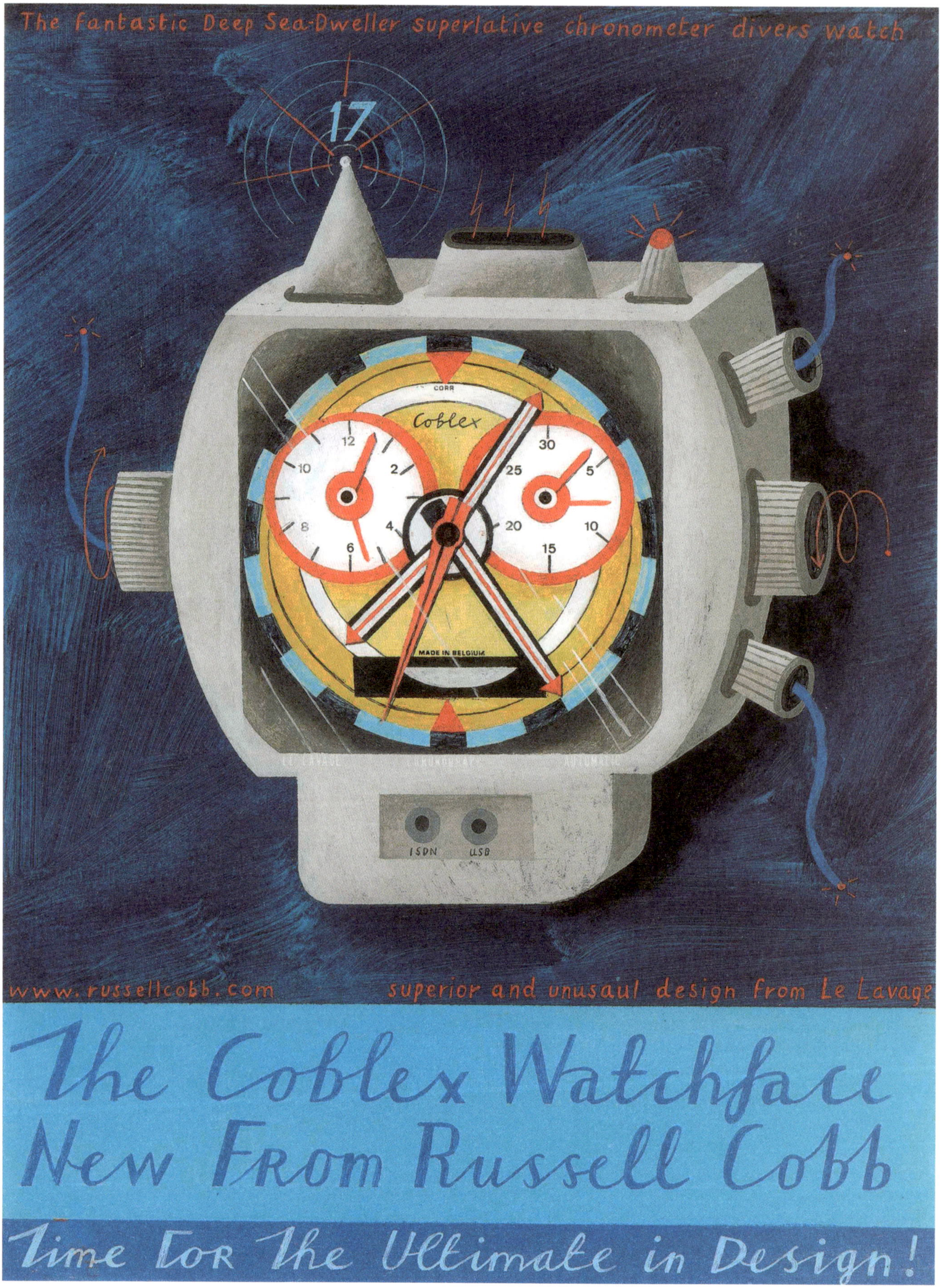
The fantastic Deep Sea-Dweller superlative chronometer divers watch
17
CORR
Coblex
MADE IN BELGIUM
ISDN
USB
www.russellcobb.com
superior and unusaul design from Le Lavage
The Coblex Watchface
New From Russell Cobb
Time for the Ultimate in Design!

3

Recherches et demarcharge

Avant de contacter des entreprises et des personnes dans les secteurs de la création qui vous intéressent, vous devez en apprendre le plus possible à leur sujet. Connaître la nature précise du travail réalisé par telle ou telle entreprise, et découvrir en quoi vous pouvez lui être utile et quel est le meilleur moyen de l'approcher, est bien plus efficace que contacter une foule d'employeurs potentiels. Ciblez uniquement ceux auxquels votre travail correspond vraiment et faites en sorte que l'échantillon visuel que vous leur envoyez soit le reflet honnête de votre travail et du contenu de votre portfolio. Il vous faudra éventuellement constituer un matériel promotionnel particulier, à la place ou en plus du matériel plus général que vous avez déjà préparé. Vous devrez même peut-être produire un travail complètement nouveau, parfaitement adapté aux besoins de l'entreprise visée.

Ci-contre : L'illustrateur conceptuel Russell Cobb est connu pour ses matériels promotionnels inventifs et remarquables (voir page 79). De même, l'échantillon que vous envoyez doit être un « avant-goût » de votre travail, tout en étant le reflet exact du professionnel que vous êtes.

Importance des recherches

Plus vous en saurez sur un employeur potentiel avant l'entretien, plus vous aurez de chances de vous faire remarquer. Il existe hélas une sorte d'employeurs qui prend un malin plaisir à mettre mal à l'aise le débutant en quête d'un premier travail ; aussi, mieux vous serez préparé, plus vous aurez confiance en vous. De nombreuses histoires circulent, racontant que certains directeurs artistiques déchirent votre travail ou se réjouissent de vous mettre à la porte de la façon la plus humiliante possible – certains secteurs, comme la publicité, étant connus pour être particulièrement durs. C'est aussi, tout simplement, qu'il existe des gens désagréables qui profitent de leur position de pouvoir ou d'influence, et vous en rencontrerez sûrement quelques-uns au cours de votre vie professionnelle. Essayez de considérer ces épisodes pénibles comme formateurs. Ce qui est important, c'est de savoir distinguer la critique légitime, qui ressemble en général à ceci :

« Il faudrait que je voie des exemples plus spécifiques de X/Y/Z pour être sûr que vous correspondez exactement à ce que nous cherchons. »

« Vos personnages ne sont pas assez personnalisés et originaux pour le marché des livres d'enfant. »

« Votre X est très fort mais votre Y doit encore être travaillé. »

« Il y a trop de styles d'illustration différents, on ne s'y retrouve pas. »

« Votre travail correspond certainement mieux au secteur X qu'au nôtre. »

« Nous ne commandons pas souvent des travaux de X. Avez-vous pensé à contacter plutôt Untel ? »

Bien sûr, les opinions sont subjectives. Mais si la même critique revient plusieurs fois, c'est en général un bon indicateur d'un vrai problème. Mieux vous saurez ce qu'attend un employeur ou un commanditaire et plus vous serez confiant dans votre capacité à remplir ses critères, et plus il sera facile d'évaluer une critique justifiée et de remédier au problème.

« Une préparation lucide est toujours utile, afin de mieux évaluer son propre style et d'identifier sa cible. »

Hazel Brown, Rédactrice artistique adjointe, *Radio Times*

Moins vous ciblez, plus vous vous exposez à un flot de réactions disparates qui ne vous seront pas d'une grande utilité. Jeune graphiste fraîchement diplômée, j'ai un jour entrepris un long voyage pour aller voir une agence prise au hasard dans le seul annuaire professionnel alors disponible. À mon arrivée, je m'aperçus tout de suite que l'entreprise se consacrait essentiellement au design industriel, domaine pour lequel je n'étais ni douée, ni d'ailleurs formée. Mon interlocuteur, sans doute aussi perplexe que moi quant à la raison de ma visite, se crut obligé de me donner au moins un avis professionnel : « Je pense que vous devriez tout présenter sur un fond gris ». Rétrospectivement, et étant donné que mon travail rendait très bien sur un fond noir, c'était sûrement un excellent exemple d'une perte de temps d'un côté comme de l'autre.

« Faites des recherches sur les entreprises dont vous aimez le travail, pas seulement les plus connues. Trouvez qui y travaille et qui sont les commanditaires ; notez leurs noms (bien orthographiés) et quelques informations, comme leur formation. Envoyez ensuite une lettre ou un e-mail à la fois personnel et professionnel, sérieux, mûrement réfléchi, bien présenté et signé. Surtout pas de lettre-type du genre "Madame, Monsieur… ". »

Andy Ewan, Fondateur, Ewan Searle Studio

Cibler vos recherches

Comme nous l'avons vu au chapitre 1, certaines écoles donnent davantage de conseils professionnels que d'autres – et bien sûr il existe aussi des étudiants qui persistent à ne pas vouloir quitter leur petit monde protégé jusqu'à leur diplôme. Il m'arrive souvent de rencontrer de jeunes professionnels qui non seulement semblent complètement inconscients de la concurrence qui sévit partout, mais ignorent tout des réalités commerciales. Si vous travaillez exclusivement en noir et blanc, vous aurez moins d'options que quelqu'un qui travaille en couleur ; si vous ne savez pas bien dessiner les enfants, ou les personnages en général, ne tentez pas une carrière dans la littérature jeunesse et même si vous êtes un grand expert de Tolkien ou de *Star Trek*, cela ne signifie pas que votre travail est d'un niveau suffisant pour illustrer des best-sellers.

Les axiomes similaires abondent. Que vous soyez graphiste ou illustrateur, cela ne sert à rien de bâtir des châteaux en Espagne. Vu la multiplicité des sources en ligne et imprimées, il est relativement facile de trouver des employeurs potentiels dans le monde de la création graphique. Par ailleurs, la nature omniprésente et ostentatoire de l'illustration rend la recherche de clients aisée.

Emplois dans la conception graphique

Les graphistes débutants obtiennent souvent un emploi dans l'entreprise où ils ont fait un stage comme étudiant : il est donc recommandé de trouver un de ces stages pendant que vous êtes encore à l'école. L'important, c'est de ne pas se disperser : si vous avez une préférence pour une spécialisation – stratégie de marque pour le commerce de détail, par exemple, ou conception web – cherchez les possibilités de faire un stage dans une entreprise de ce secteur. Si vous n'êtes pas encore très décidé, commencez par vous familiariser avec les activités de nombreux employeurs potentiels. Même si vous ne souhaitez pas vous spécialiser, vous découvrirez l'incroyable variété des entreprises en termes de valeurs, de clientèle et d'approche de la conception graphique en général. Si vous souhaitez par exemple travailler aussi dans l'illustration, vous devez savoir que certaines agences graphiques ne commandent pratiquement jamais d'illustrations et que vous avez intérêt à les éviter.

Si vous en êtes au stade de cibler des employeurs potentiels, il est indispensable de scruter toutes les offres d'emploi, même si votre profil ne correspond pas. Quelle est la taille de l'entreprise, sa situation géographique, est-elle généraliste ou spécialisée, quels secteurs d'activité vise-t-elle, est-elle susceptible d'embaucher des professionnels pluridisciplinaires ? Les réponses à ces questions se trouvent dans les offres d'emploi aussi bien que sur le site de l'entreprise ou dans les profils de la presse spécialisée dans la création graphique – cette dernière offre en outre des exemples de travail et des noms de contacts. En consultant les rares offres d'emploi pour graphiste débutant, vous vous rendrez peut-être compte que vous devez acquérir ou peaufiner certaines compétences avant de vous orienter vers tel ou tel secteur. Si vous êtes encore étudiant, profitez des possibilités qui vous sont offertes gratuitement ou à moindre coût car après, les formations seront plus chères.

« Je suis influencé en partie par la qualité du matériel promotionnel, mais ce qui m'intéresse surtout, c'est de contacter les personnes qui ont montré un travail proche de ce que nous faisons. »

Joy Monkhouse, graphiste éditorial free-lance, Scholastic

«On reçoit des tas de choses de personnes qu'on ne ferait travailler pour rien au monde. Le travail doit être vraiment spécial pour que j'aie envie de le garder. Il n'a de valeur que si c'est beau.»

Mark Reddy, Chef du service artistique, Bartle Bogle Hegarty

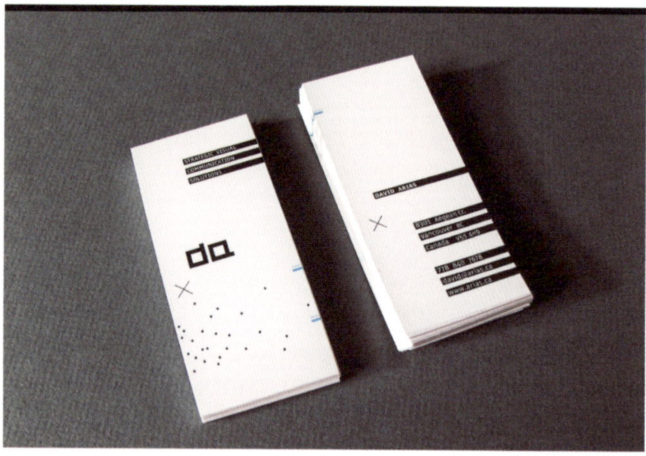

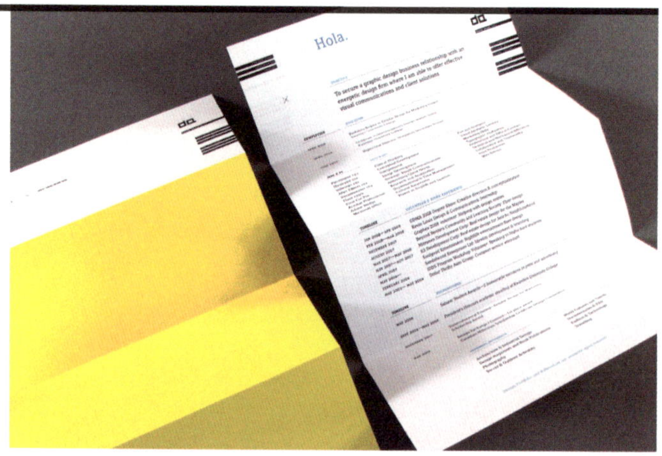

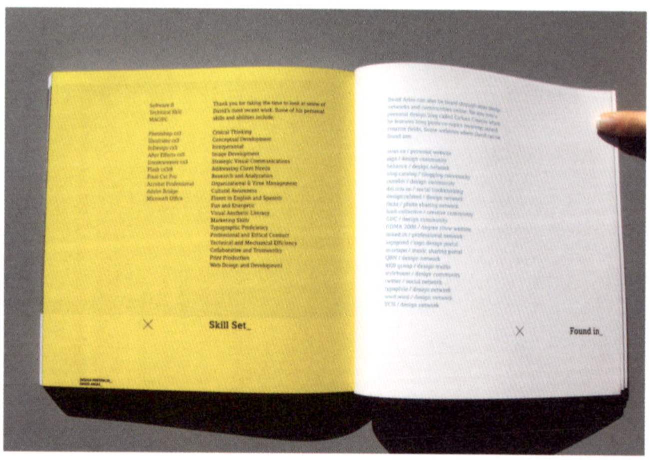

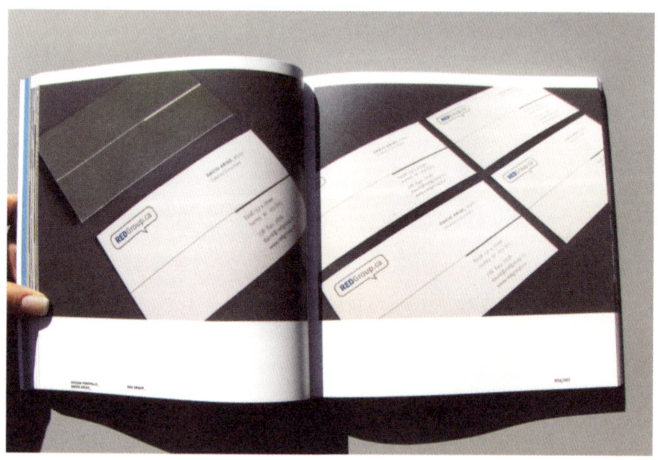

Page précédente : Le graphiste canadien free-lance David Arias a créé un livre de 246 pages en guise de portfolio à montrer à ses clients et aux studios de création graphique. Remarquez comment le matériel d'autopromotion complémentaire fait écho à la composition du livre, créant une forte identité de marque personnelle.

Ci-dessous : Le matériel d'autopromotion peut vous donner l'occasion d'exercer votre créativité au-delà des contraintes d'un brief commercial. Ces cartes font partie d'une série très recherchée, éditée par Russel Cobb tous les trois à quatre mois pendant cinq ans. Il en a ainsi produit trente-huit, qui lui servaient de mini-portfolios qu'il envoyait à la demande à ses clients.

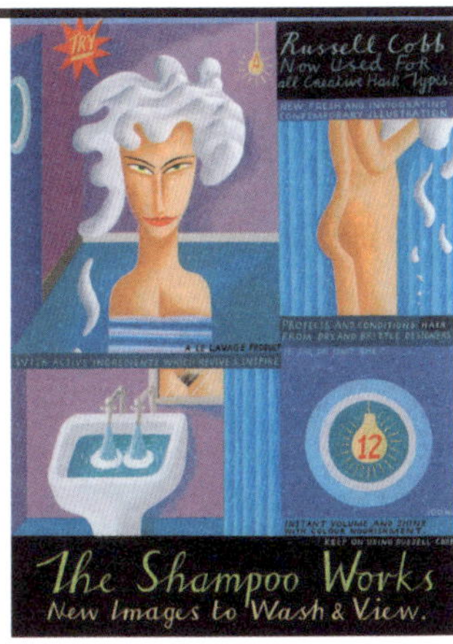

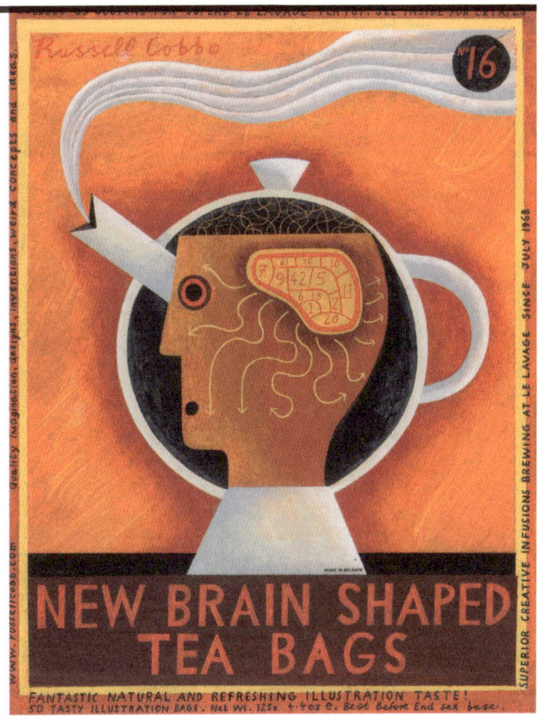

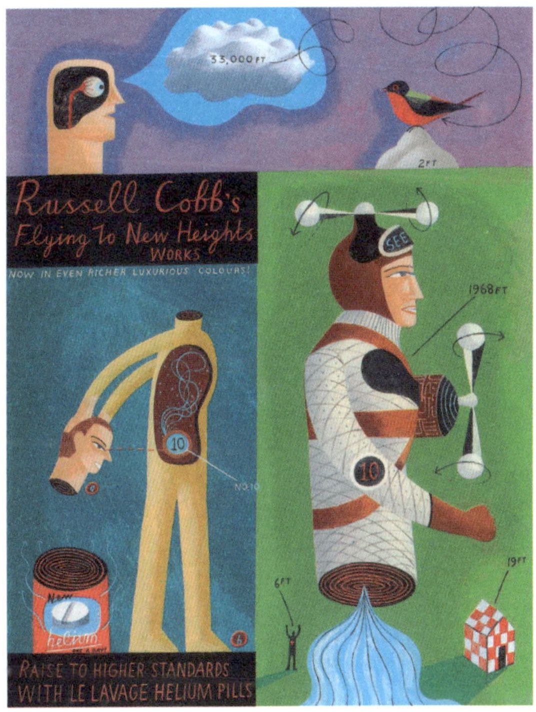

Commandes d'illustrations

Comme nous l'avons vu au chapitre 2, la plupart des illustrateurs indépendants obtiennent leurs premières commandes du secteur de la presse. Votre première mission doit donc consister à vous familiariser avec le plus grand nombre possible de magazines et de journaux (pas seulement ceux dont vous avez entendu parler ou que vous lisez vous-même – il s'agit ici de gagner sa vie, pas de goûts personnels). Notez le genre d'illustrations qu'ils contiennent. Demandez-vous si tel ou tel type d'illustration ressemble à ce que vous faites : il peut s'agir d'une ressemblance stylistique, ou reposant plutôt sur le sujet ou sur la façon de penser. Si vous détectez au moins une similitude, félicitations, vous avez peut-être trouvé un client.

« Je travaille dans le livre pour enfants et pourtant je reçois sans cesse des propositions contenant des nus, des scènes de violence, du trash et du sexe. Je dirais que 10 à 15 % de ce que je reçois risque de m'intéresser un jour. »

Steve Scott, Directeur artistique Scholastic

Toutefois, cela s'applique uniquement au contenu illustré des articles. Quand il s'agit de publicités, les illustrations n'ont pas été commandées par le magazine lui-même mais par une agence de publicité travaillant pour l'annonceur qui paie pour la parution dans le journal en question. Si le magazine ne contient aucune illustration qui ressemble à ce que vous faites, passez votre chemin. Quant aux publications qui ne font jamais appel à l'illustration, elles ont leurs raisons – et ce n'est sûrement pas une pénurie d'illustrateurs ! Certains rédacteurs n'aiment tout simplement pas ça ou pensent que cela ne convient pas à leur journal.

« Cela arrive avec tous les illustrateurs, pas seulement avec les nouveaux. Je reçois très souvent des travaux qui ne correspondent pas du tout à ce que nous faisons. »

Jonathan Christie, Directeur artistique, Conran Octopus

La page présentant la table des matières et les crédits d'un magazine donne le nom de la personne responsable des commandes – généralement le directeur artistique. Il est plus difficile de trouver ce renseignement dans les journaux, mais l'adresse et le numéro de téléphone de l'éditeur sont souvent mentionnés quelque part. Un simple coup de fil vous fournira le nom du contact que vous cherchez. Entre-temps, usez de votre bon sens pour déterminer si votre portfolio contient des exemples appropriés au sujet. S'il n'y en a pas, créez-en, car vous devrez convaincre le commanditaire que votre travail d'illustrateur convient à son journal.

Soyez prêt à trouver des interlocuteurs dans des secteurs auxquels vous n'aviez pas songé et attaquez-vous à de nouveaux contenus en cas de besoin. Vous pouvez, par exemple, vous intéresser au travail narratif, mais ne trouver que peu de publications contenant des histoires illustrées. Un journal médical ou psychiatrique, ou un magazine destiné aux travailleurs sociaux, peuvent très bien rapporter des cas de façon illustrée et, du point de vue de l'illustrateur, cela peut être traité sur le mode narratif. La recherche de nouveaux clients demande un esprit ouvert.

« Je connais assez bien la création graphique – typographie, mise en pages – même si je fais surtout de l'illustration. Cela m'aide beaucoup. J'écris mes livres pour enfants et je m'occupe de la mise en pages et du packaging. Je pense que ma formation de graphiste fait de moi un meilleur illustrateur et m'aide à communiquer avec mes clients graphistes. »

Ian Bilbey, illustrateur free-lance

Ci-dessous : *Creative Review*, publication britannique (dont la couverture est ici illustrée par Billie Jean), est un de ces magazines professionnels bourrés d'informations qui servent de vitrine à la création. La plupart des écoles d'art sont abonnées à ces publications, de même que les bibliothèques publiques.

Sources d'information

De nos jours, il est impardonnable de ne pas connaître le secteur dans lequel on compte travailler. Néanmoins, il faut avouer que l'abondance des références facilement accessible est telle qu'il est parfois difficile de savoir par où commencer. Vous trouverez une liste fournie en fin de livre mais voici déjà un bref tour d'horizon des sources d'information à utiliser.

« Si vous postulez pour un emploi qui ne vous convient pas, il n'y a rien de bon à en tirer, c'est juste du temps perdu. C'est comme sortir avec quelqu'un qu'on n'apprécie pas. À terme, ça ne sert à rien, et ça vous éloigne de votre véritable objectif. »

Josh Keay, graphiste free-lance

Journaux professionnels

De très nombreux titres hebdomadaires, mensuels et bimensuels concernant la création graphique sont disponibles en kiosque et en ligne. Vous y trouverez les profils d'entreprises et de professionnels indépendants, ainsi que des offres d'emploi. Vous y lirez aussi des articles traitant des dernières tendances du secteur, de l'actualité des clients, des fusions et acquisitions, des promotions et des mouvements des grands noms du secteur. Même les magazines destinés aux amateurs peuvent valoir le coup d'œil, car ils reprennent souvent des informations provenant du monde professionnel.

Publications annuelles

Les annuaires et autres publications grand format sur papier glacé, faisant la promotion de la création graphique, de la publicité, de l'illustration, de la photographie ou du multimédia, abondent. Certains sont liés à des concours, avec des exemples de travaux sélectionnés par un jury de professionnels élus. Notez les noms des jurés, car certains, moins connus, sont moins souvent sollicités par des nouveaux venus que ceux qui font la une de la presse créative. D'autres sont de simples catalogues présentant le travail de professionnels, ou d'organisations qui les représentent, ou les deux. Ces publications peuvent vous aider à découvrir avec quels genres de clients, de projets et de professionnels les employeurs potentiels travaillent. Les illustrateurs à la recherche d'un agent ont ainsi un aperçu plus réaliste des différences entre les agences. Ces deux types de publications sont en général gratuitement distribuées aux commanditaires et aux employeurs et sont soit archivées sur Internet, soit possèdent leur propre site.

« Nous faisons paraître des offres d'emploi dans nos propres titres, *Design Week* et *Creative Review*. »

Colin McHenry, Directeur artistique du groupe, Centaur Media

« [Nous publions nos offres d'emploi] sur notre site web, via certaines écoles et le site web AIGA. »

Christopher Pullman, Vice-président, Design (Public Television) USA

Ci-dessous (de haut en bas et de gauche à droite) : Il existe de nombreux organismes professionnels et associations chargés de former, promouvoir et récompenser le talent créatif. Tous sont accessibles en ligne. Représentés ici : l'AIGA (association professionnelle pour la création graphique), The Design Council, Design and Art Direction (D&AD) et The Society of Illustrators.

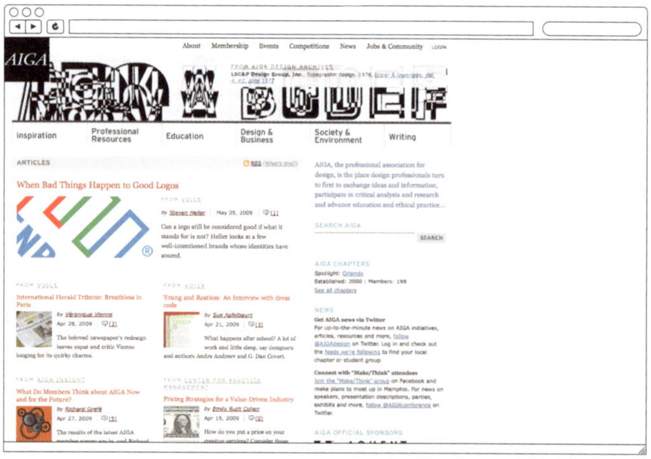

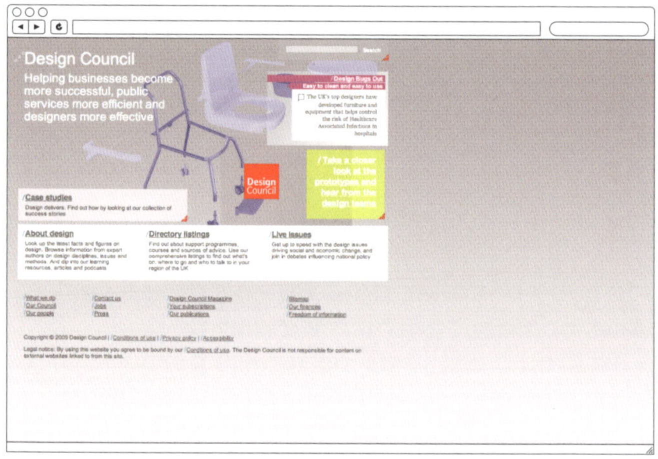

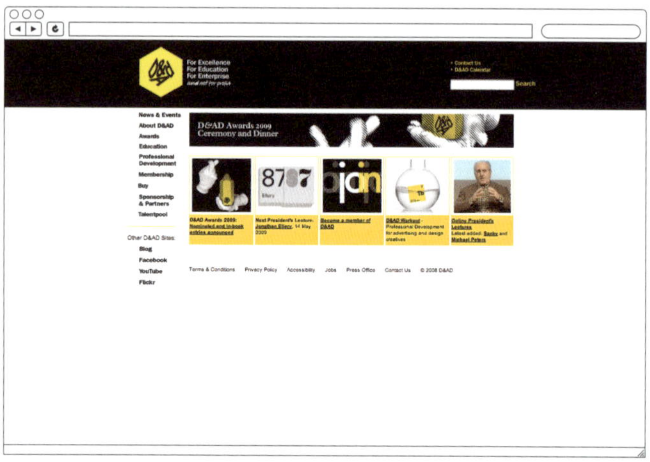

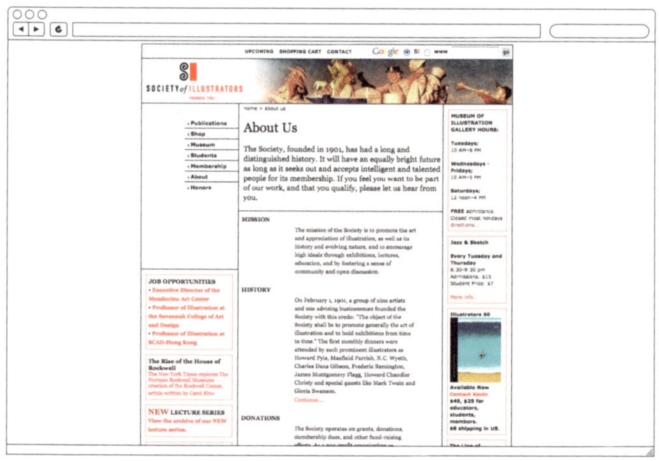

Annuaires professionnels et listes de diffusion

Il existe plusieurs annuaires et autres ressources en ligne dédiés à des marchés spécifiques comme l'édition, la publicité, les jeux vidéo et l'industrie audiovisuelle (cinéma et télévision). Il est possible de se procurer à un prix raisonnable les bases de données et les listes de diffusion des métiers de la création auprès de spécialistes du marketing. Ces outils sont souvent centrés sur un seul secteur, mis à jour régulièrement, et contiennent les coordonnées des personnes à contacter. Il est possible d'obtenir une vue plus générale via divers annuaires des métiers de la création. On les trouve dans les bibliothèques spécialisées, mais nombre de leurs listings sont accessibles via Internet.

Bibliothèques

Si vous faites attention à votre porte-monnaie, vous pouvez trouver les annuaires, répertoires et magazines professionnels dans les bibliothèques publiques, surtout celles situées à proximité d'établissements d'enseignement artistique. Vous pouvez également essayer les bibliothèques de ces établissements – mais n'oubliez pas que les publications en rayon peuvent varier d'une école à l'autre, et qu'il faut souvent être scolarisé dans un établissement pour en fréquenter la bibliothèque. Les illustrateurs à la recherche de titres moins courants peuvent scruter les allées des bibliothèques universitaires, car les magazines qu'elles renferment correspondent aux matières qui y sont enseignées.

Sites web, portails et blogs professionnels

Il est rare de nos jours qu'une entreprise quelle qu'elle soit n'ait pas son site web. Si vous voulez savoir qui sont les clients d'une agence de publicité, découvrir si telle agence de création graphique travaille aussi sur les médias en ligne, ou si tel ou tel éditeur utilise l'illustration pour ses couvertures de livres, le site web sera votre principale source d'information. Non seulement vous vous ferez une idée précise de la production de l'entreprise, mais vous pourrez même y trouver des offres d'emploi, de demandes d'envoi de portfolios ou des proposition des stages.

Les associations professionnelles ont également des sites web qui leur servent à promouvoir des publications, des offres d'emploi et divers événements, par exemple des concours, des séminaires, des conférences et des expositions. Certaines offrent à leurs membres la possibilité de promouvoir leur travail en ligne, tandis que celles qui hébergent des forums de discussion permettent à leurs membres de se constituer un réseau et de partager leurs expériences professionnelles.

Bien entendu, n'importe quelle personne connaissant un peu Internet et ayant accès à un site d'hébergement peut se targuer d'être le porte-parole d'une profession. Il existe toutefois un contrôle qualité. Les blogs de graphistes, d'illustrateurs spécialisés et d'artistes pluridisciplinaires, fonctionnant uniquement sur invitation, sont l'endroit idéal pour surveiller la concurrence et dénicher des liens intéressants. Les blogs individuels servent aussi aux recherches d'emploi, dans la mesure où les professionnels y indiquent souvent pour qui ils travaillent actuellement.

Enfin, il existe une foule d'annuaires en ligne et communautaires, dédiés à toutes sortes de métiers créatifs. Certains sont établis et modérés bénévolement par des professionnels. D'autres sont créés dans un but lucratif par des agences de recrutement et des magazines spécialisés, des journaux nationaux ou des entreprises d'hébergement de portfolios. La plupart sont gratuits pour les employeurs et les commanditaires, et ce sont les professionnels qui paient pour mettre en ligne leur CV ou leurs portfolios. Certains offrent également des forums de discussion ainsi que des conseils de carrière, ou des liens vers des blogs professionnels et des articles de la presse créative. Les annuaires, en particulier, sont particulièrement précieux car ils permettent de rechercher des employeurs en fonction de la discipline et de la situation géographique.

« Tous nos jeunes collaborateurs sont arrivés par le biais d'un stage. Ce sont des gens qui ont su garder le contact ou se rendre indispensables pendant leur séjour parmi nous. Certains graphistes nous démarchent également. Si nous aimons le book ou le site web de quelqu'un, nous l'appelons. Nous ne publions jamais d'offre d'emploi. »

Rob Howsam, Directeur de la création, Purpose Design

Démarchage

Malgré la pratique incontournable de la candidature par e-mail, je crois toujours fermement à l'importance de l'entretien en tête-à-tête et je vous encourage vivement – surtout dans le cas de candidatures spontanées et quelle que soit votre discipline – à en faire votre principal objectif, chaque fois que c'est possible géographiquement. Bien sûr, les entreprises ou les individus que vous avez contactés vont certainement garder dans leurs fichiers le matériel promotionnel bien conçu et plein d'imagination que vous leur avez envoyé. Mais si vous avez l'occasion de les impressionner avec davantage d'exemples de votre talent, tant que leur intérêt est en éveil, vous augmenterez les chances qu'ils se souviennent de vous. Cela signifie qu'il faut téléphoner pour concrétiser toute ouverture en direction d'un employeur potentiel, même si vous êtes timide ou que vous vous sentez mal à l'aise.

Dans un contexte très concurrentiel, envoyer quelques courriers et attendre qu'on vienne vous offrir le job de vos rêves n'est ni efficace, ni réaliste. Pour les illustrateurs en particulier, il est indispensable d'être très actif, car les employeurs renouvellent constamment leur image et leurs besoins ne cessent de changer. Vous pouvez commencer par rechercher sur Internet les noms des directeurs artistiques qui sont membres de jurys de concours d'illustrations.

«Ceux qui téléphonent se sont préparés, à 95 %. Ceux qui envoient un e-mail à 75 %. Ceux qui envoient un courrier sont les pires, 60 % des propositions ne sont pas adaptées.»

Martin Colyer, Directeur artistique, *Reader's Digest*

Que vous soyez graphiste ou illustrateur, l'un des aspects les plus déprimants du démarchage, c'est de s'entendre dire qu'on n'a pas besoin de vos services, parce qu'on a déjà toute une écurie de fidèles avec qui on travaille depuis des années. Dans bien des domaines de l'emploi créatif, la révolution numérique a réduit de façon sensible la taille des services artistiques. Un petit effectif de graphistes assure aujourd'hui la charge de travail d'une grosse équipe hier, et les délais se sont raccourcis. Pour les employeurs la prise de risques devient quasiment nulle, et il est aisé de comprendre pourquoi ils sont tentés de travailler avec des gens qu'ils connaissent. Pourtant, de par la nature même de leur profession, ils doivent être à la pointe de la tendance et votre envie de vous faire connaître peut, à terme, leur profiter. En début de carrière, on peut facilement oublier ce facteur, par manque de confiance ou par peur de paraître importun. Une insistance polie – attitude aussi importante qu'un excellent portfolio – voilà la réponse au problème. Gardez à l'esprit que si vous avez besoin de l'employeur, lui a potentiellement besoin de vous.

Vos talents relationnels ont aussi toutes les chances de vous aider à gagner la confiance d'un employeur ou d'un commanditaire. Des exemples de votre travail ne peuvent en effet pas lui dire si vous êtes rapide, fiable ou adaptable, ou si vous allez bien vous entendre.

Un directeur artistique de ma connaissance appela un jour un jeune diplômé, dont il avait apprécié les échantillons de travail – et tomba sur un individu agressif, tellement convaincu de sa grande valeur que, malgré son manque d'expérience, un poste junior lui semblait bien au-dessous de ses prétentions. Un tel culot et une telle confiance en soi auraient pu marcher ailleurs mais, dans le contexte d'une petite équipe très soudée, partageant le même espace, ils furent perçus comme un manque d'humilité pouvant gâcher l'ambiance. Je me souviens d'illustrateurs arrivant à des réunions avec quarante minutes de retard, ou le mauvais jour, ou plus ou moins éméchés (si si…). J'ai aussi rencontré des arrogants, des nonchalants s'exprimant par monosyllabes, des gens incapables de recevoir de bonne grâce la moindre critique constructive – attitude qui est loin d'être idéale si vous espérez travailler avec la personne qui vous offre un avis professionnel. Le talent est bien sûr essentiel mais, s'agissant de l'attitude et des affinités électives, les relations professionnelles ne diffèrent pas de tout autre type de relations.

«Nous évitons ceux qui essaient d'imiter ce qu'ils pensent être le style de notre agence. Nous voulons des créatifs aux styles et aux idées personnelles qui nous apportent quelque chose.»

Anne Brassier, RP et nouveaux marchés, Airside

Candidatures spontanées

Comme les emplois salariés sont la norme pour les graphistes, de nombreux diplômés préfèrent répondre à des offres d'emploi spécifiques pour obtenir des entretiens d'embauche « officiels », plutôt que de se lancer dans le démarchage, plus couramment associé aux carrières indépendantes des illustrateurs. Néanmoins, les postes juniors ne font pas toujours l'objet d'annonces et ceux qui en font l'objet exigent souvent une ou deux années d'expérience. Certains graphistes trouvent leur premier emploi à la suite d'un stage, mais pour la plupart il s'agit juste d'être là au bon moment et, pour que cela se produise, il faut avoir noué des relations dans le métier. Donc, à moins de faire partie des privilégiés à qui l'on offre un travail à la suite d'un stage, vous enverrez probablement des candidatures spontanées.

« Je déteste les jeunes graphistes qui m'appellent pour demander "Vous embauchez ?". Je prends presque toujours le temps de regarder le portfolio d'un jeune qui me contacte de façon courtoise, honnête et préparée. Mais quel que soit mon désir de trouver de nouveaux talents, je ne réponds jamais "Oui" à la question "Vous embauchez ?". »

Doug Powell, Directeur de la création, Schwartz Powell Design

Graphiste ou illustrateur, réussir à décrocher un entretien avec un directeur artistique débordé – assailli de demandes de jeunes diplômés anxieux de rembourser leur prêt étudiant – est une entreprise difficile, même lorsqu'on est bien préparé. De plus, si la personne en question dirige une agence en vogue dans laquelle tout le monde veut travailler, c'est encore plus dur. Alors on envoie des lettres vagues et suppliantes à tous les employeurs ou commanditaires potentiels dans un rayon de cent kilomètres, dans l'espoir qu'une d'entre elle touchera au but. Cette méthode se comprend, mais n'est pas recommandée. Les coûts d'expédition seront élevés et si vous ciblez un nombre très élevé de personnes non concernées, les déceptions seront nombreuses.

Les e-mails permettent d'économiser de l'argent, mais les destinataires peuvent aisément les égarer, voire même ne pas les consulter, et jurer par la suite qu'ils ne les ont jamais reçus. Bien souvent, les e-mails ne passent pas la barrière anti-spam des entreprises et ceux qui y parviennent peuvent irriter leurs destinataires, personne n'aimant les fichiers numériques qui prennent des heures à télécharger. En outre, les directeurs et responsables artistiques ont chacun leurs préférences concernant les échantillons de travail. Certains ne jurent que par les fichiers numériques, d'autres préfèrent l'imprimé. Nombreux sont ceux qui couvrent leurs murs de matériel promotionnel, tandis que d'autres ont besoin d'un environnement dépouillé pour travailler, et mettent à la poubelle tout échantillon qui ne leur plaît pas immédiatement. La seule chose sur laquelle ils s'accordent, c'est qu'ils n'aiment pas qu'on leur fasse perdre leur temps. Moins les échantillons reçus seront pertinents, plus ils auront de chances d'être rejetés et moins vous recevrez d'opinions constructives. Si vous envoyez des exemples trompeurs vous pourrez certes décrocher un entretien, mais la suite sera négative. L'un et l'autre cas peuvent être démoralisants quand on se lance dans une carrière.

« Je reçois beaucoup d'appels et d'e-mails spontanés, ainsi que des travaux de toutes formes et tailles. La plupart ne conviennent pas à notre magazine. Je reçois aussi des appels d'illustrateurs qui ne connaissent pas grand-chose à notre publication et ignorent même son adresse postale. J'attends au moins des gens qu'ils aient préparé leur demande et soient au fait du style illustratif et du contenu du magazine. »

Alison Lawn, Directrice artistique, *New Scientist*

Ci-dessous : Cette campagne, destinée aux professionnels du secteur, vise à promouvoir l'exposition annuelle de jeunes talents de D&AD, intitulée *New Blood*. Le site web et la campagne de cet événement professionnel ont été créés par l'agence de marketing et de technologie LBi.

Concours et expositions d'étudiants

De nombreux employeurs du secteur de la création graphique visitent les expositions de travaux de fin d'études. Dans ce genre d'événements, ce sont les employeurs ou clients potentiels qui sont à la recherche de jeunes talents, et non l'inverse. Essayez de ne pas trop vous éloigner de votre stand lors de l'inauguration et préparez un livre d'or et plein de matériel promotionnel que les gens intéressés par votre travail pourront emporter. Enfin, la participation à des concours peut vous rendre plus visible, aussi il est recommandé d'y participer autant que vous pouvez. N'oubliez pas : plus vous nouez de contacts professionnels, plus vous aurez de chances de trouver du travail.

« Nous ne publions pas d'offres d'emploi pour débutants. Nous gardons les CV intéressants qui nous sont envoyés ou nous nous adressons à des graphistes que nous connaissons déjà. Nous allons aussi aux expos de fin d'études et à "New Designers" ».

Anne Brassier, RP et nouveaux marchés, Airside

Résumé
Recherches et démarchage

1.

Renseignez-vous sur les entreprises et les personnes de votre secteur d'activité : vous pourrez ainsi cibler uniquement celles auxquelles votre travail correspond.

2.

Il existe de nombreuses sources d'information : journaux professionnels, publications annuelles, listes de diffusion et annuaires professionnels. Sans oublier les sites web, les portails et les blogs, ainsi que les communautés en ligne spécialisées dans les emplois créatifs dans toutes sortes de disciplines.

3.

Un de vos principaux objectifs est de décrocher un entretien avec un employeur ou commanditaire potentiel. Après leur avoir envoyé du matériel promotionnel, il est indispensable de leur téléphoner pour savoir s'ils acceptent de vous rencontrer et de voir votre portfolio.

4.

Les qualités relationnelles peuvent jouer un rôle important durant un entretien : un employeur ou un commanditaire potentiel doit savoir s'il peut travailler avec vous et quel est votre niveau de fiabilité et d'adaptabilité.

5.

Quand vous faites une candidature spontanée, soyez précis. Les directeurs et responsables artistiques n'aiment pas perdre leur temps, aussi n'envoyez votre travail que si vous êtes sûr qu'il correspond à leur activité.

6.

Les concours et expositions de travaux de fin d'études peuvent améliorer votre visibilité vis-à-vis des employeurs potentiels. Dans le cadre des expositions, ce sont eux qui vous recherchent, et non l'inverse.

Créer un bon portfolio

4

À l'évidence, un bon portfolio, c'est celui qui vous fait obtenir le travail ou la commande que vous souhaitez. C'est le moyen par lequel les employeurs ou commanditaires potentiels prennent connaissance de votre travail. Il doit donc leur présenter vos compétences sans les faire mourir d'ennui mais sans non plus trop les bousculer.

Ci-contre : L'illustrateur Stuart Briers montre parfaitement comment faire une forte impression sur le plan visuel au début (en haut) et à la fin (en bas) d'un portfolio imprimé.

Notions de base

J'ai été consultée un jour par un illustrateur botanique connu. Son travail, d'une qualité constante, couvrait un large éventail de sujets liés à la botanique, à l'aide de différentes techniques et dans un style à la fois décoratif et didactique. Mais avant d'en arriver à cette conclusion, il me fallut parcourir pas moins de cinq portfolios, ce qui occupa une bonne partie de l'heure dont nous disposions. À la moitié des quarante planches volantes en noir et blanc, montrant une succession de plans de jardins apparemment tous semblables, je dormais déjà à moitié – j'ai dû les compter pour me tenir éveillée. Aucun professionnel n'a besoin d'autant de preuves que vous savez dessiner une fontaine. L'illustrateur en question aurait pu s'épargner la gêne de se voir citer en exemple à ne pas suivre dans ce livre. Il aurait suffi pour cela d'un tri judicieux : par exemple trois plans, dont un en couleurs, montrant trois différents types d'aménagements de jardins. Pas plus d'une minute pour se faire une idée, et on passe à la section suivante du portfolio.

« J'ai un jour entendu dire qu'un bon travail devrait être emballé dans du papier kraft. Je dois dire que je suis d'accord. Une belle présentation, c'est bien, à condition de ne pas nuire au travail lui-même. »

Kristina DiMatteo, Directrice artistique, *Print*

Vous n'êtes plus étudiant, donc vous n'avez plus besoin de montrer absolument tout ce que vous avez déjà fait afin d'impressionner ou de montrer votre motivation. Pour une efficacité maximum, votre portfolio doit vous présenter sous votre meilleur jour en tant que professionnel, et montrer que vous avez bien compris les besoins de la personne qui examine votre travail. Et il doit le faire rapidement, car une première présentation, loin de durer une heure, dure plutôt quinze minutes – si vous avez de la chance (ce qui ne veut pas dire quinze minutes sans interruption...). Ce conseil vaut plus pour les illustrateurs démarchant des commanditaires que pour les graphistes conviés à un entretien d'embauche. En outre, et bien qu'il soit indispensable de savoir présenter son portfolio en profondeur et de manière intelligible, vos compétences doivent également apparaître en votre absence. Le temps coûte cher, surtout dans ce secteur : le dépôt de portfolios est devenu la norme dans de nombreuses agences, car cela permet aux employeurs de les examiner à leur convenance et de les montrer à des collègues qui n'auraient peut-être pas été disponibles pour un entretien. Les agences d'illustration préfèrent également cette procédure car elles sont souvent petites et sont fréquemment ciblées par des artistes dont le travail ne leur correspond pas.

« Je pense toujours que la simplicité est la meilleure option. Je pense que c'est le travail qui doit faire de l'effet, pas la présentation. »

Alison Lawn, Directrice artistique, *New Scientist*

Si on vous demande de déposer votre travail pour deux heures – ou même pour deux jours – ne paniquez pas. Aucune entreprise sérieuse ne va s'enfuir avec votre travail, encore moins le publier sans votre consentement, ne serait-ce que parce que vous pourriez le découvrir et les poursuivre. De même, ne vous désolez pas si votre présentation est courte, dans le cas où vous avez eu la chance d'obtenir un entretien en tête-à-tête. Quiconque a suffisamment travaillé dans le secteur créatif pour atteindre un poste élevé sait non seulement parcourir un portfolio en quelques minutes, mais aussi en absorber parfaitement le contenu. Après tout, la communication visuelle, c'est leur métier. De plus, il ne faut pas beaucoup de temps pour répondre à la question « Cette personne est-elle assez bien pour que je l'embauche ? »

« Si un étudiant ou un graphiste présente un travail dans son portfolio, ce doit être son propre travail et il doit être capable d'en parler. S'il s'agit du travail d'un autre professionnel auquel il a collaboré, ça passe, mais qu'il le dise en toute honnêteté. »

Robert Linsky, Senior Vice-président Graphisme, Art Plus Technology

Apprenez l'objectivité

Il est tout aussi important de bien évaluer vos points forts et faibles en matière de créativité que de comprendre les besoins de votre cible. Les commanditaires, employeurs, intermédiaires et autres professionnels ne sont pas d'accord sur ce qu'il convient de mettre dans un portfolio – mais selon l'avis général, il faut placer votre travail le plus percutant au début et terminer sur quelque chose du même niveau. C'est bien connu, les créatifs sont (ou restent) rarement satisfaits à 100 % de ce qu'ils produisent. Aussi, je recommande de choisir comme première pièce un travail dont vous êtes satisfait à, disons, 87 % – et c'est valable pour le reste du portfolio, d'ailleurs. Je pense que cet objectif est réaliste et que vous pouvez l'atteindre, mais je comprends que c'est plus facile à dire qu'à faire, surtout pour quelqu'un qui débute.

« Le portfolio professionnel d'un candidat doit contenir des exemples imprimés de ce qu'il a fait de mieux et qui correspondent au poste qu'il brigue. Si quelqu'un inclut des réalisations ratées, il y a peu de chances que je fasse appel à lui. Je préfère voir un book avec quelques travaux vraiment réussis qu'un autre avec des tas de choses inintéressantes. »

Steve Scott, Directeur artistique, Scholastic

Les étudiants reçoivent régulièrement des critiques constructives durant leur formation. Néanmoins, les avis de leurs maîtres et de leurs pairs peuvent être très contrastés, et parfois, manquer d'objectivité. Ce n'est donc pas surprenant que certains graphistes et illustrateurs sortent de leur école en ne sachant pas très bien où ils en sont. Mais comme les professionnels auront probablement eux aussi des avis contradictoires, votre portfolio risque de ressembler à un champ de bataille si vous n'apprenez pas à vous fier à votre propre jugement. Bien des fois, j'ai entendu de jeunes diplômés me confier : « Untel me dit que c'est mon meilleur travail, mais je ne l'ai jamais vraiment aimé. » La plupart du temps, la décision d'inclure tel ou tel travail est le résultat d'un moment d'angoisse : « Et si c'était ça qui me faisait avoir le job ? » Franchement, quand bien même ? Si, dans votre for intérieur, vous pensez que ce travail n'est pas bon, ou si l'idée d'avoir à le refaire ne vous plaît guère, avez-vous vraiment envie d'un emploi que vous auriez obtenu grâce à lui ? Il est tout aussi impossible de vendre un travail auquel vous ne croyez pas que de répondre à toutes les attentes de tous les gens que vous rencontrez professionnellement. Aussi, le mieux est d'être honnête avec vous-même.

On n'oublie pas un mauvais travail, que ce soit parce qu'il ne convient pas, qu'il est banal, répétitif, trop complaisant, démodé (on a vu des gens présenter des travaux vieux de quinze ou vingt ans – un illustrateur m'a montré un jour un dessin qu'il avait fait à l'âge de six ans, en témoignage de son génie précoce) ou tout simplement parce qu'il n'est pas à la hauteur du reste de votre portfolio. Si vous le montrez quand même, cela laisse à penser que vous ne savez pas distinguer vos travaux réussis de ceux qui ne le sont pas – ce qui peut empêcher un employeur de vous accorder sa confiance. Mettez-vous à sa place : pourquoi faire appel à quelqu'un dont le travail n'est pas homogène quand il y a tant de professionnels sur le marché ?

« Des travaux de qualité inégale dans un même portfolio me dissuadent de faire appel à la personne. »

Anamaria Stanley, Directrice artistique, *TimeOut*

Le contenu

Devant l'abondance de jeunes talents enthousiastes, les employeurs et commanditaires potentiels vont prendre votre portfolio pour argent comptant. Si vous donnez la place d'honneur à un de vos projets, ils en concluront que vous êtes prêt et capable d'en produire d'autres de la même veine. De même, si vous ne montrez que du bon travail, homogène, ils ne douteront pas de votre fiabilité. Mais si certaines compétences sont absentes, ils penseront que vous ne les possédez pas ou que vous ne tenez pas à les utiliser. Donc, avant de choisir quels travaux inclure dans votre portfolio, vous devez vous posez sérieusement les questions suivantes :

Les exemples présentés sont-ils les meilleurs ?

Il est toujours beaucoup plus efficace de ne montrer qu'un choix restreint mais judicieux de vos meilleurs travaux que des pages et des pages de réalisations moyennes ou inégales. Examinez sans indulgence le contenu de votre portfolio et éliminez tout ce qui appartient à ces catégories :

Le travail que vous considérez comme médiocre. Les gens vont vous demander de parler du contenu de votre portfolio. Si vous avez du mal à défendre un travail, ou si vous savez qu'un autre professionnel pourrait le faire beaucoup mieux que vous, ce travail ne doit pas faire partie de votre portfolio. Si vous n'y croyez pas, éliminez-le.

Le travail non représentatif. Il s'agit de travaux expérimentaux, tentés une seule fois ; d'exercices d'école qui ne vous ont pas intéressé ; des commandes acceptées uniquement parce que quelqu'un d'assez fou ou désespéré était prêt à vous payer ; des styles d'illustration que vous n'aimez plus faire ou, pire encore, que vous n'avez jamais aimé faire. Bien sûr, des travaux publiés, une gamme variée de compétences impressionnent les employeurs potentiels, mais il n'est pas bon de montrer des choses qui ne vous ressemblent pas du tout ou ne correspondent pas à ce que vous aimez faire. On pensera au contraire que vous aimez ça.

Le travail que vous ne pouvez pas faire. Cela concerne plutôt les illustrateurs que les graphistes. Par exemple, des travaux qui nécessitent un équipement dont vous ne disposez plus. Même si votre ex-professeur vous a assuré que vous pourriez continuer à utiliser l'atelier d'impression de l'école, les clients eux, ne connaissent ni week-ends ni vacances d'été. Cela ne sert à rien de montrer un travail qui prendra dix fois plus de temps que ne le permettent les délais du client. Le simple fait de montrer une technique que vous êtes incapable de reproduire ne peut que nuire à votre crédibilité. Renseignez-vous sur la location ou le partage d'ateliers d'impression ; trouvez un moyen d'accélérer votre production ; mais ne perdez pas de temps à vendre un service ou un produit que vous êtes dans l'impossibilité de garantir.

« Le manque de soin dans un portfolio est inacceptable. »

Jennifer Pastore, Rédactrice photo adjointe, *T: The New York Times Style Magazine*

Le portfolio ne contient-il pas trop de travaux personnels ?

Bien sûr, employeurs et commanditaires apprécient l'originalité, et les projets personnels sont parfaits pour montrer votre personnalité créative. Mais si vous souhaitez être embauché, votre travail doit rester accessible. Un certain degré de complaisance est sans doute inévitable, surtout si vous sortez juste de l'école. Vous avez probablement, au cours des derniers mois, travaillé uniquement sur des projets de fin d'études extrêmement personnels. Si vous êtes graphiste, vous avez peut-être, avec un peu de chance, œuvré dans des domaines qui vous intéressent et dans lesquels vous espérez trouver un emploi. Malheureusement, ce n'est pas toujours le cas pour les illustrateurs.

Quelques pages de croquis d'après nature inachevés, arrachées à votre carnet et représentant a) votre grand-mère, b) votre chat, c) des gens aux terrasses des cafés ou d) des musiciens de jazz, ne sont pas des illustrations et, tout comme les nus académiques, n'ont rien à faire dans un portfolio. La plupart des clients partent du principe qu'un illustrateur sait dessiner. Le seul scénario possible qui rende le croquis de votre grand-mère utile commercialement est celui du directeur artistique à la recherche d'illustrations pour la brochure publicitaire d'une maison de retraite. Dans ce cas – et seulement dans ce cas – vous pouvez l'inclure.

Un travail commercial, c'est un travail qui correspond au marché. Si vous avez l'intention de manger aujourd'hui, et pas l'année prochaine, vous devez trouver un compromis entre ce que vous aimez faire et ce dont le client a besoin, surtout si vous n'êtes pas le seul illustrateur du quartier.

Le problème avec les travaux de fin d'études très personnels (et cela concerne les graphistes comme les illustrateurs), c'est

« Un garçon, pour montrer ses compétences en photo et en cinéma acquises à l'université, avait inclus des images extraites d'un film qu'il avait fait – style film d'horreur dans lequel on le voyait, lui et un de ses copains, poignardés à mort et couverts de sang, nus sur le sol de toilettes publiques. Techniquement impeccables, ces photos firent une impression durable... »

Joy Monkhouse, graphiste freeelance, Scholastic

qu'ils risquent d'occuper trop de place dans le portfolio. Si le projet est intéressant commercialement, il peut constituer une base solide. Mais s'il est trop personnel et que les clients ont du mal à l'envisager d'un point de vue commercial, vous devrez en créer un autre.

Décrocher un entretien est déjà assez difficile. Si vous ne faites pas bonne impression dès le début, vous n'en aurez peut-être plus l'occasion. Un illustrateur de ma connaissance obtint un jour un rendez-vous avec un directeur artistique pour lequel il rêvait de travailler. Le client déclara aimer un travail réalisé pour un concours national et lui demanda quelle idée il avait suivi. À mi-chemin de ses explications, le client l'informa qu'il y avait trop d'idées dans ce travail, et qu'il ne l'intéressait plus. L'illustrateur, qui était modeste et bien élevé, accepta la critique, disant qu'il allait en tenir compte et qu'il espérait revenir plus tard avec un meilleur portfolio. Le client répliqua qu'il ne donnait jamais de deuxième chance – cela semble dur mais cela représente bien le genre d'employeur ou de commanditaire auquel vous pouvez avoir affaire.

« J'ai vu des portfolios sans aucun fil directeur ; la personne ne savait pas dans quoi elle voulait se spécialiser. »

John Oakey, Directeur artistique, *TimeOut* Group

Quels nouveaux exemples de travaux faut-il inclure ?

Après avoir péniblement exploré les besoins du marché et de l'employeur que vous convoitez, vous devez vous demander si vous êtes bien préparé. Les graphistes à la recherche d'un emploi salarié dans un secteur spécialisé doivent démontrer leur passion pour ce domaine et leur engagement. Les agences publicitaires veulent voir des publicités, les éditeurs veulent voir des livres, etc.

Il est également important de montrer votre éclectisme à l'intérieur du secteur choisi. Montrez à l'agence publicitaire comment vous aborderiez les campagnes de différents produits et services ; donnez des idées pour des annonces de presse, des publipostages, des affiches ou des spots télé (dans ce dernier cas, les storyboards sont acceptés et même appréciés de la plupart des directeurs artistiques). Si une agence est spécialisée dans un secteur particulier, par exemple les voyages ou l'automobile, faites en sorte d'avoir au moins une campagne dans ce domaine. De même, montrez à un éditeur des couvertures de livres de genres variés et ajoutez le cas échéant des doubles pages ou des affiches promotionnelles. Essayez de montrer que vous connaissez bien le lectorat ciblé par l'éditeur et que vous appréciez le genre de littérature qu'il publie. Vous devrez certainement rassembler de nombreux projets relevant de votre domaine de prédilection et choisir ceux que vous allez inclure dans (ou exclure de) votre portfolio, selon l'interlocuteur. Même chose pour les graphistes free-lance contactant de multiples clients. Un portfolio est rarement « terminé » une fois pour toutes. Considérez-le comme un « work in progress ».

Les graphistes moins spécialisés, surtout ceux qui s'adressent à une clientèle variée ou pluridisciplinaire, doivent absolument montrer via leur portfolio non seulement qu'ils ont les compétences requises pour répondre à des commandes de toutes sortes, mais aussi qu'ils possèdent une vision cohérente. Si, par exemple, vous avez créé l'image d'une chaîne de restaurants, vous pouvez montrer comment elle fonctionne au-delà du simple papier à en-tête : par exemple comment la palette de couleurs peut servir pour le décor des restaurants ; comment le logo peut servir d'enseigne à l'extérieur ; à quoi pourrait ressembler le site web de l'entreprise ; ou bien, si la chaîne décidait de lancer ses propres produits alimentaires, proposer des emballages. Si, à l'inverse, vous vous adressez à une agence graphique plus spécialisée – par exemple dans le développement de sites web ou dans le packaging – vous devez vous attacher à montrer de la variété dans cette discipline spécifique.

« Il est important de voir les réalités d'un travail professionnel. La façon dont quelqu'un trouve des solutions pour un client est très différente de ce qu'il ferait pour lui-même. »

Kristina DiMatteo, Directrice artistique, *Print*

Faut-il présenter les travaux en contexte ?

Le travail des graphistes consiste justement à produire le contexte dans lequel les images, en théorie, s'insèrent. S'agissant des créatifs pluridisciplinaires, le fait de placer leurs propres illustrations ou photos dans la composition qu'ils ont créée ne pose *a priori* pas de problèmes aux clients ou employeurs potentiels. Toutefois, si vous postulez à un emploi

Robert Moxon

Graphic Design & Typography

+44(0)7823 886010
moxonrobert@hotmail.com

Brief: Create an identity for a new museum based solely around typography.

Info: Logo and promotional items sent out in a pack to advertise the museum. Contains a brochure, stationary, poster/invite and t-shirt.

Response: A branding for a museum of type opening in 2009. The location of the museum is an old reconditioned print-works that has been converted into a museum dedicated to type. The identity reflects this contrast, referencing both the industrial era of design in which the print-works was running contrasting that with contemporary design of the era that the museum is now placed.

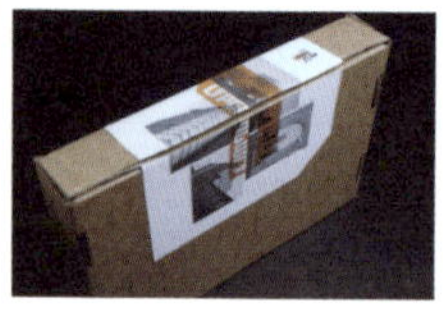

Pdf Portfolio

ISTD Student Brief – December 2008

Type Factory

Robert Moxon

Graphic Design & Typography

+44(0)7823 886010
moxonrobert@hotmail.com

Brief: Create a fanzine that can be produced and sold. The aim of the project is to make a financially viable piece of design. Essentially cover the costs of production and also, try to make a profit.

Info: Screenprinted t-shirts, posters and covers of the fanzine and inside a combination of typography, photography and illustration. Collaborative project.

Response: We chose to produce a fanzine that tought typographic and design related rules as well as celebrating popular pieces of design of the moment. Each fanzine came with a free t-shirt and also had the details so that the t-shirts could be bought afterwards on their own.

Pdf Portfolio

University Project – April 2006

Typographic T-Shirts

Page précédente : Ces projets d'étudiant de Robert Moxon (aujourd'hui professionnel) montrent la nécessité d'une vision cohérente exprimant la polyvalence du graphiste. Son portfolio, au format PDF, montre une création de marque pour un musée hébergé dans un ancien atelier d'imprimerie (en haut) et une composition pour un fanzine informatif destiné aux graphistes et livré avec un T-shirt gratuit sur le thème de la typographie (en bas).

de graphiste, le fait que votre travail de composition disparaisse sous une accumulation d'illustrations et de photos peut jouer contre vous, surtout dans un environnement professionnel comme le graphisme éditorial, où les rôles sont strictement définis. En revanche, pour un illustrateur, le meilleur moyen de convaincre un commanditaire de son utilité est de placer son travail dans le contexte d'une composition existante.

Comme la majorité des illustrateurs reçoivent leurs premières commandes du secteur de la presse, vous pouvez placer votre travail dans un contexte auquel les clients potentiels sont habitués, en remplaçant dans une maquette les illustrations d'un article de magazine publié par vos propres images, insérées soit numériquement, soit manuellement.

En outre, la création de ces maquettes peut être riche d'enseignements. Si vous n'en avez jamais fait, sachez que cela ressemble beaucoup au travail réel : il s'agit souvent de produire des idées en réponse à un texte peu exaltant ; de travailler dans un format imposé ; et même d'affronter toutes sortes de typographies et/ou d'éléments imprimés peu sympathiques n'ayant rien à voir avec les couleurs de vos illustrations. En outre, le fait de voir votre travail réduit de taille (et souvent beaucoup, dans la pratique), vous oblige à reconsidérer la qualité de sa ligne, l'efficacité de la technique utilisée et la complexité des images. Assurez-vous cependant que les maquettes sont autorisées, car votre intention n'est pas d'essayer de faire passer le travail d'un autre illustrateur pour le vôtre ou vice versa.

Si vos compétences d'illustrateur se doublent de celles de graphiste, rien ne vous empêche de créer une composition éditoriale de toutes pièces. Et si vous vous destinez plutôt au monde de l'édition, rien ne vous empêche non plus de créer une couverture de livre, surtout si vous pratiquez le dessin manuel de caractères. Néanmoins, si la plupart des employeurs n'ont rien contre les maquettes, ceux qui n'aiment pas ça mettent généralement en avant la médiocrité de la composition. Donc, si ce domaine n'est pas un de vos points forts, utilisez plutôt ce qui existe déjà. Si vous ne trouvez pas de mise en pages qui vous plaise dans le magazine que vous ciblez, choisissez-en une autre dans une publication similaire, qui mettra mieux votre travail en valeur.

Autres considérations sur les maquettes :

Choisissez des mises en pages sobres plutôt qu'encombrées.

Choisissez des mises en pages où les illustrations sont assez grandes pour que votre travail soit mis en valeur.

Utilisez toujours l'article que vous avez illustré, et non celui dont la mise en pages vous plaît mais qui n'a rien à voir : n'insérez pas un dessin représentant les divagations de la Bourse dans un article donnant une recette de tarte aux pommes.

Ne montrez que votre version retouchée de la mise en pages, pas l'illustration originale à côté de la vôtre.

Éliminez les vieilles maquettes qui ne sont plus présentables. Si l'idée était bonne, refaites-en une nouvelle.

Évitez de présenter côte à côte votre maquette et une version plus grande de votre illustration. Même si cette présentation peut se justifier dans certains cas, cela devient vite répétitif.

En l'absence de maquettes, de travaux publiés ou de photos *in situ*, je suggère aux graphistes et aux illustrateurs d'insérer des légendes. Celles-ci doivent être lisibles, concises et de style homogène ; elles doivent être discrètes et ne pas dominer le contenu.

« Je préfère voir le travail seul que dans une maquette. Les étudiants choisissent souvent d'illustrer une histoire là où, pour moi, une photo aurait été plus appropriée. Je trouve que ça distrait du travail présenté. »

Alison Lawn, Directrice artistique, *New Scientist*

SHAUN DOYLE
Merry Christmas
orange
hello

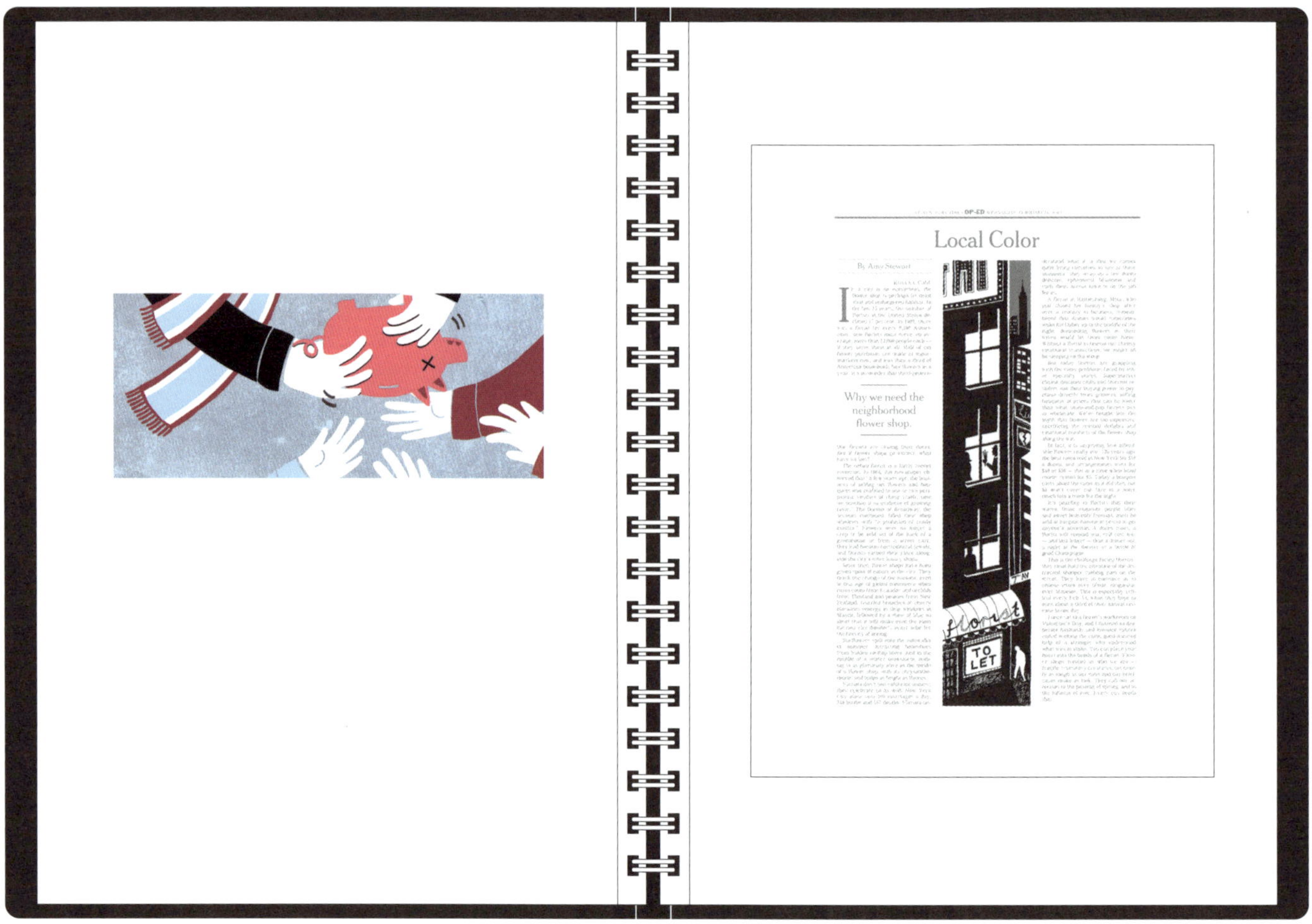
Local Color
Why we need the neighborhood flower shop.
florist
TO LET

Page précédente : Les travaux en contexte sont un bon moyen de montrer aux clients en quoi vous pouvez leur être utile. Voici deux doubles pages du portfolio de l'illustrateur Shaun Doyle, destinées à des clients potentiels de la presse, de la publicité et de l'édition.

Combien de travaux inclure ?

Je crois fermement que le nombre d'exemples à inclure dans un portfolio dépend de la discrétion et du bon sens du professionnel : il n'existe pas de réponse toute faite à cette question. Certains directeurs artistiques sont d'avis que les candidats ne doivent pas mettre plus de trois à six projets dans leurs portfolios. C'est probablement suffisant pour les graphistes qui souhaitent faire carrière dans la stratégie de marque, mais cela ne suffit pas à montrer tout le potentiel de ceux qui se destinent à la création de couvertures de livres. De même, un illustrateur de livres pour enfants spécialisé dans les animaux, au style complexe et aux décors fouillés, aura besoin de moins d'exemples qu'un dessinateur de BD au style simple et linéaire et à la clientèle potentiellement plus large.

N'oubliez pas, cependant, que rien ne doit être laissé au hasard. Si vous illustrez des livres pour enfants, que vous êtes spécialisé dans les animaux et que vos exemples montrent surtout des chiens et des chats, les employeurs et commanditaires, qui ne manquent pas d'illustrateurs, penseront que vous ne savez pas dessiner des cochons d'Inde ou des zèbres. Les employeurs potentiels ne lisent pas dans les pensées ; certains ont besoin qu'on leur mette les points sur les i.

« Finalement, tout ce qui compte, c'est la qualité et la pertinence du travail. »

Dave Day, Directeur artistique, Fallon

Comment montrer des travaux publiés ?

La plupart des employeurs seront ravis et rassurés de voir du travail publié dans votre portfolio, aussi donnez-lui la place d'honneur. Les offres d'emploi de graphistes juniors exigent souvent une certaine expérience professionnelle – ce qui peut être décourageant – mais cela ne veut pas forcément dire que vous devez déjà avoir été salarié pendant un an. Le travail freelance compte aussi. De même que les travaux que vous avez réalisés pour la famille ou les amis, les travaux « en conditions réelles » que vous avez produits à l'école, ou les projets menés pendant vos stages. À condition que le travail soit représentatif et de bon niveau, il peut être un tremplin pour obtenir un poste ou de futures commandes. Votre interlocuteur ne sait pas que vous avez dessiné ce logo pour la maison de disques d'un copain de votre frère ou pour la cafeteria de votre cousin. Pour eux, cela signifie simplement que quelqu'un vous a fait confiance, et que vous avez rempli votre mission.

À l'école il est courant que les étudiants présentent leur travail dans l'ordre chronologique, en terminant par leur dernier et meilleur projet. Mais dans la vie professionnelle, il n'en va pas ainsi. Si un employeur ou commanditaire potentiel doit parcourir d'innombrables travaux d'école, il risque de ne plus être très attentif au moment d'atteindre votre morceau de bravoure – mieux vaut donc présenter vos projets publiés en premier. Pour l'interlocuteur qui hésite à faire confiance à un novice, vous serez catalogué comme un professionnel dès le début et la présentation sera sans doute plus détendue pour vous comme pour lui. En général, les commanditaires d'illustrations aiment voir les réalisations dans leur contexte imprimé, car il leur est plus facile de montrer à leurs collègues en quoi vous pouvez être utile. Néanmoins, s'agissant des directeurs artistiques de la publicité, mieux vaut montrer vos images sans contexte, car ils sont souvent très critiques à l'égard des campagnes de leurs concurrents et cela peut parfois nuire à l'illustrateur ou au photographe. Certains artistes contournent la difficulté en ajoutant des images réduites dans leur contexte de publication en fin de portfolio ; mais c'est une méthode que je ne recommande qu'à ceux qui souhaitent travailler pour des agences de publicité.

« Les assistants directeurs artistiques ou, dans notre cas, les rédacteurs artistiques, doivent montrer un large éventail de leur travail. Ils doivent être à l'aise avec la typographie. C'est très important. De la rigueur et de la fantaisie. Ils doivent montrer qu'ils sauront choisir des photographes et des illustrateurs. »

Colin McHenry, Directeur artistique du groupe, Centaur Media

Ci-dessous : Il peut être intéressant d'inclure vos carnets dans votre portfolio, en bonus, surtout si, comme ceux de Russel Cobb (en bas) ils sont très personnalisés. Mais si vous préférez un portfolio moins lourd, pourquoi ne pas réaliser, comme Shaun Doyle, un petit montage de croquis sur une page de portfolio.

« J'aime les carnets de croquis et de notes. Mais c'est le résultat final qui compte. »

Alison Lawn, Directrice artistique, *New Scientist*

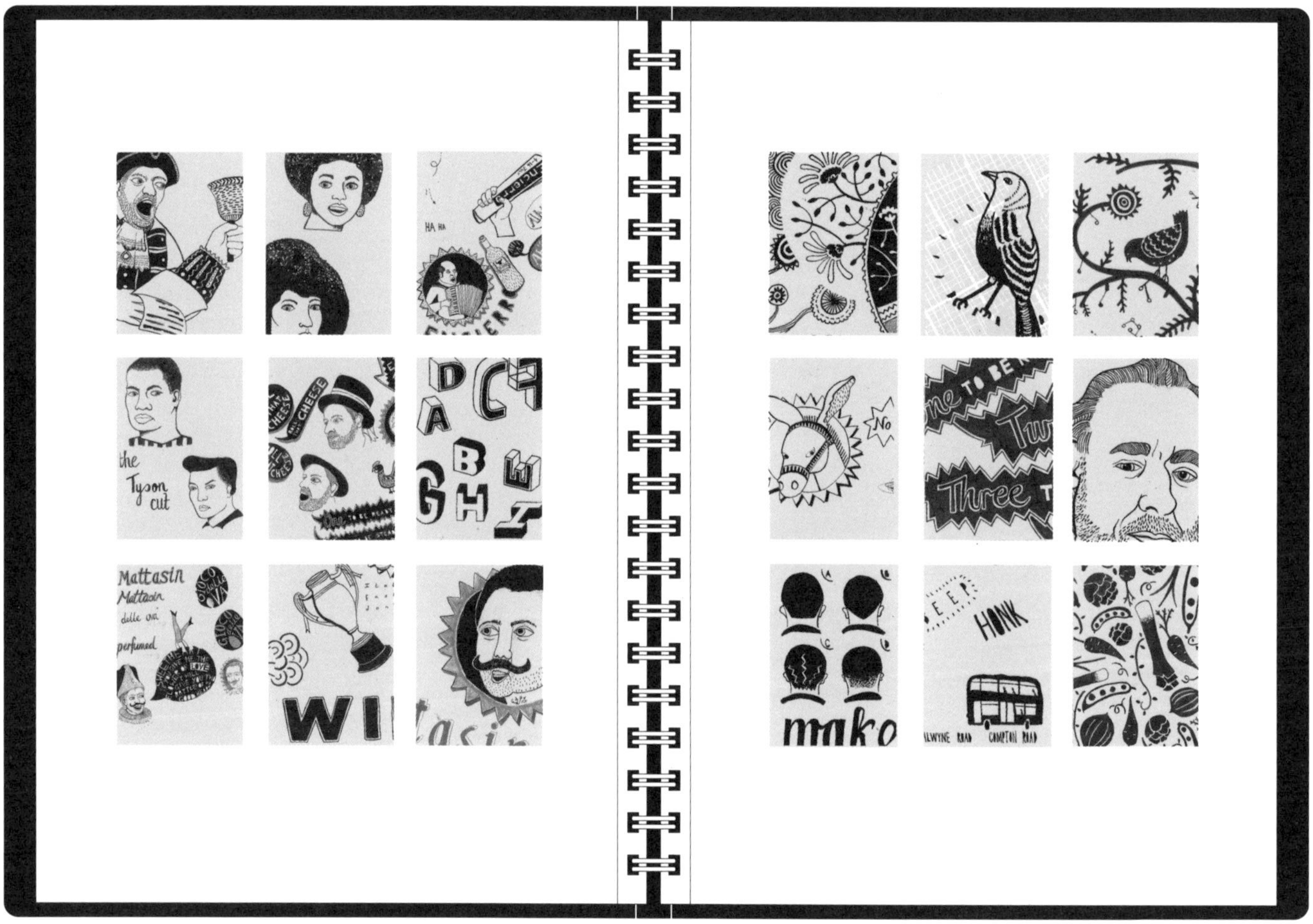

Page suivante : Janine Rewell est une indépendante pluridisciplinaire installée à Helsinki. Pour simplifier les choses, son portfolio en ligne est divisé en deux sections, l'une pour la composition graphique (en haut) et l'autre pour l'illustration (en bas).

Faut-il inclure ses carnets de croquis ?

En un mot comme en cent : oui. Mais tous ne s'accordent pas sur l'utilité des carnets de croquis, et même ceux que votre processus créatif intéresse risquent de se lasser si vous leur en présentez trop.

« C'est chouette de regarder des carnets, mais pas au point d'engager quelqu'un. »

Steve Scott, Directeur artistique, Scholastic

Je recommande d'ajouter un ou deux carnets de croquis à la fin au cas où l'employeur souhaiterait les regarder en fin de présentation. En outre, pour les graphistes, certains interlocuteurs ne sont pas contre le fait de voir les idées initiales présentées près des réalisations terminées. Mais il faut être prudent. N'ajoutez pas toutes les étapes de développement de tous vos projets : concentrez-vous sur un seul, ou sur ceux qui mettent le plus en valeur votre processus créatif. Un trop grand nombre d'esquisses peut donner une impression de dispersion et atténuer l'impact général de votre travail.

« J'aime voir le mécanisme de la pensée. Pas trop : quelques croquis d'observation, des développements d'idées, juste assez pour montrer comment on en est arrivé à l'image finale. »

Jonathan Christie, Directeur artistique, Conran Octopus

Combien de portfolios ?

Un graphiste qui travaille à la fois pour le numérique et pour l'imprimé peut préparer un portfolio imprimé à montrer aux clients en même temps que sa présentation numérique sur ordinateur portable. Même chose pour un professionnel pluridisciplinaire, par exemple un illustrateur-animateur. Graphiste, illustrateur ou artiste pluridisciplinaire, vous pouvez avoir plusieurs portfolios, ou bien diviser un portfolio unitaire en plusieurs sections, correspondant aux différentes disciplines ou styles. Le but, c'est d'éviter toute confusion.

Un illustrateur possédant des styles très différents destinés à des marchés éloignés les uns des autres (par exemple, caricature politique et livres illustrés pour les tout-petits) a intérêt à avoir plusieurs portfolios. Quand la ligne de démarcation n'est pas évidente, il est possible d'incorporer plusieurs styles dans un seul portfolio, mais à condition que la succession des images suive une certaine logique. Les travaux peuvent ainsi être regroupés en fonction du sujet, de la technique ou de l'ambiance. Mais comme vous aurez peu de temps pour faire sur votre interlocuteur une impression durable, il est impératif que votre portfolio constitue un tout cohérent. Un méli-mélo d'images sans lien les unes avec les autres ne laissera que le souvenir d'un fouillis incohérent – s'il en laisse un.

Les graphistes et les illustrateurs qui démarchent spontanément les entreprises peuvent avoir deux portfolios : l'un à déposer, l'autre pour les présentations en entretien. Les professionnels pluridisciplinaires peuvent choisir d'avoir plusieurs portfolios correspondant à leurs différentes compétences – ou aux attentes de clients peu enclins à admirer la multiplicité de leurs talents. Enfin, les illustrateurs qui choisissent de se faire représenter par un agent peuvent être invités à préparer plusieurs portfolios, surtout si leur travail couvre plusieurs domaines ou si l'agent a des bureaux à l'étranger.

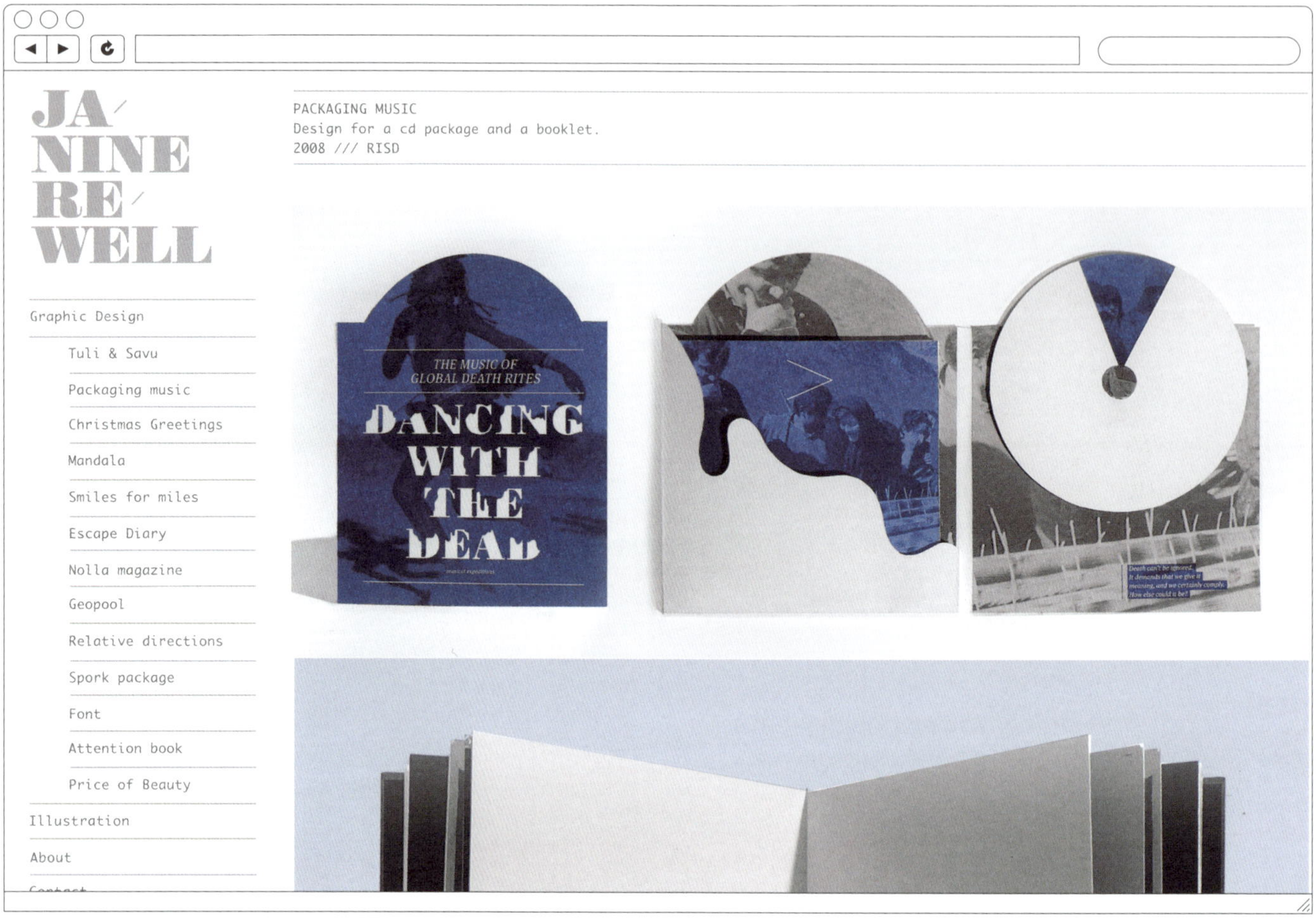
JA
NINE
RE
WELL
PACKAGING MUSIC
Design for a cd package and a booklet.
2008 /// RISD
Graphic Design
Tuli & Savu
Packaging music
Christmas Greetings
Mandala
Smiles for miles
Escape Diary
Nolla magazine
Geopool
Relative directions
Spork package
Font
Attention book
Price of Beauty
Illustration
About
THE MUSIC OF
GLOBAL DEATH RITES
DANCING
WITH
THE
DEAD

JA
NINE
RE
WELL
DOLLHOUSE
Paint on wood
2007 /// Personal
Graphic Design
Illustration
Dollhouse
Computer Arts Magazine
Tan The Man
Helsinki in Berlin
Tunto
Scaniinavia Magazine
Itella
marimekko
Acacom
Altarpiece
Finlandia Vodka
Atria
Metsa Tissue
Sanoma Magazine

Résumé
Créer un bon portfolio

1.

Un bon portfolio, c'est celui qui présente votre travail sous son meilleur jour et qui démontre au client qui le regarde que vous comprenez ses besoins.

2.

Il est aussi important de bien connaître vos points forts et vos points faibles que de savoir quel genre de travail votre cible recherche. Apprenez à être objectif : ne montrez que les réalisations dont vous êtes sûr et faites en sorte qu'elles représentent votre meilleur niveau. Éliminez tout ce qui est trop personnel.

3.

Les employeurs du secteur de la création prennent le contenu du portfolio pour argent comptant. Si nécessaire, ajoutez dans votre portfolio de nouveaux exemples correspondant à la spécialisation d'une entreprise, ou qui démontrent votre faculté d'adaptation dans son domaine. Les illustrateurs doivent inclure leurs images dans une composition ou une mise en pages.

4.

Donnez à vos travaux publiés la place d'honneur – le plus au début possible. Ajoutez un ou deux carnets de croquis, au cas où le client aimerait les voir en fin de présentation.

5.

Il peut être nécessaire d'avoir plusieurs portfolios, ou d'en diviser un en sections montrant différentes disciplines ou différents styles. En particulier si vous travaillez dans divers domaines, vous pouvez avoir plusieurs portfolios montrant la palette de vos compétences.

5

Choisir le bon portfolio

La façon dont vous décidez de présenter votre travail dépend largement de vos propres goûts et de considérations pratiques. Sa taille, sa nature et son utilisation vont influencer votre choix, de même que votre budget ou votre situation géographique. Par exemple, l'expédition d'un portfolio au format A3 à l'autre bout du monde est bien plus lente et onéreuse que l'envoi par e-mail d'un PDF ou d'un lien vers votre site web. En outre, il va sans dire que vos exemples de travaux doivent être impeccables et disposés artistiquement, mais sans négliger l'aspect fonctionnel. Que vous optiez pour une présentation papier ou numérique ou même, comme c'est de plus en plus fréquent, pour une combinaison des deux, il faut que votre portfolio soit logique et facile à consulter, qu'il communique vos qualités professionnelles de façon claire et concise. Et surtout, il doit capter dès le début l'attention du client et la retenir jusqu'à la fin de la présentation.

Ci-contre : Portfolio réalisé sur mesures, avec mallette de transport, permettant une présentation personnalisée (voir page 107).

Le portfolio imprimé

Les directeurs et rédacteurs artistiques qui commandent des travaux essentiellement pour l'imprimé sont, en général, plus portés vers les portfolios qui parlent la même langue qu'eux. S'agissant des présentations en entretien, le portfolio imprimé, pour les graphistes comme pour les illustrateurs, est sans risque. Facile à consulter, à faire circuler au cours d'une réunion, à photocopier et à numériser, il est également très facile à déposer ou à conserver. Pas de périphérique fragile à transporter, pas de batteries ou de cordon d'alimentation, donc pas de souci en cas de mauvaises conditions météo ou de panne de courant. L'imprimé est également plus économique pour les débutants peu argentés ; les portfolios, même les plus luxueux, sont tout de même moins chers qu'un ordinateur portable. Le nombre de projets que vous pouvez apporter à une réunion est néanmoins limité, mais il est facile dans ce cas d'envoyer par e-mail d'autres exemples à qui souhaite en voir davantage.

« C'est bien d'avoir quelque chose à feuilleter physiquement. C'est aussi plus facile à montrer aux clients. Certains n'ont que de vieux PC incapables d'afficher le moindre fichier JPG. En plus, vous n'avez pas à vous inquiéter de tomber en panne d'ordinateur en pleine réunion. »

Steve Rutterford, Directeur artistique, Brooklyn Brothers

Formats

Ce n'est pas pour rien que le portfolio de format A3 (29,7 x 42 cm) est devenu la norme, plutôt que ceux de formats A1 (59,4 x 84,1 cm), A2 (42 x 59,4 cm) ou même A0 (841 x 118,9 cm). On ne dispose pas toujours d'une vaste surface où étaler son travail. Le plus souvent, les professionnels présentent leurs portfolios dans le lieu de travail de leur client potentiel, la plupart du temps dans un petit bureau ou studio. L'espace est compté et un portfolio de format maniable (assez petit pour que l'interlocuteur puisse le poser sur ses genoux pour le feuilleter) sera apprécié. En outre, un portfolio au format A3 ou A4 est moins cher à expédier par la poste ou par courrier. Mais parfois, le manque de moyen ou le fait que la taille de certains grands travaux n'aie pas été réduite pousse les gens à conserver leurs énormes portfolios.

Créations graphiques publiées

Étant donné qu'il vaut mieux montrer le travail publié en contexte, je préfère le format A3 au format A4, malgré les qualités de compacité et de légèreté de ce dernier. En effet, une composition pour une double page ou pour une jaquette de livre tient facilement sur une seule page A3 – tandis qu'avec un portfolio A4, il faudrait la diviser en deux ou la réduire de moitié. Dans le cas de la double page, les anneaux de la reliure ou la gouttière entre les deux moitiés dénaturent le travail, brouillent la lecture et réduisent l'impact global de la composition. En outre, en A3, les storyboards sont plus détaillés et les séries (couvertures de livres, par exemple) en taille réelle font plus d'effet car il est possible de présenter des groupes plus importants qu'en A4. Les affiches sont plus percutantes en A3. Si la composition comporte des illustrations, et surtout si les images ne sont pas très grandes, elles peuvent être difficiles à voir, et même passer inaperçues à 50 % de leur taille. Même chose pour les travaux très fins ou très détaillés. Mais vous pouvez être d'un avis différent ; de nombreux professionnels estiment qu'un portfolio A4 répond parfaitement à leurs besoins.

Illustrations originales

Les illustrateurs, notamment ceux qui travaillent dans des grands formats avec des techniques non numériques, préfèrent que leurs clients voient leur travail sous sa forme originale, affirmant que l'impression détruit certaines subtilités de couleur et de texture. Mais bien que certains clients apprécient de voir les originaux, il ne faut pas oublier que les illustrations sont faites pour être imprimées. Les clients se préoccupent de savoir à quoi le travail va ressembler une fois imprimé, et non de l'effet qu'il produira accroché au mur d'une galerie d'art. Aucune impression ne rend exactement les couleurs d'un original, donc ce n'est pas la peine de se rendre malade à ce sujet ; consolez-vous en vous disant que certaines impressions, au contraire, rendent mieux que les originaux. Si le support de vos illustrations est souple et que vous voulez absolument les montrer dans un format supérieur à A3 ou A4, roulez-les et glissez-les dans un tube léger que vous porterez avec une poignée ou en bandoulière. Même si vos illustrations sont assez petites pour tenir dans un portfolio A3 ou A4, mieux vaut montrer une impression de bonne qualité que vos précieux originaux, car un accident est toujours possible (toutes celles et tous ceux, comme moi, qui ont un jour oublié leur portfolio dans un train vous le diront... J'ai finalement récupéré le mien après dix jours d'angoisse).

Quel type de portfolio ?

Il existe une très grande variété de portfolios sur le marché : à couvertures souples avec pochettes plastique fixes ou amovibles ; sous forme de boîtes rigides, à anneaux ou à fermetures à glissière pour feuilles volantes ; luxueux et réalisés sur mesure. En outre, rien ne vous empêche de fabriquer le vôtre si le cœur vous en dit. Les revêtements des portfolios du commerce varient énormément et il n'est stipulé nulle part que les couvertures doivent invariablement être en cuir (ou imitation cuir) noir. J'en ai vu recouverts de jean, de PVC rose fluo et même – je m'en souviens encore – de gazon artificiel. Si vous voulez vous faire remarquer, surtout n'hésitez pas ! N'oubliez pas néanmoins que c'est le contenu du portfolio qui compte.

« Tout dépend du type de travail : les réalisations pour le web ne rendent pas bien dans un portfolio imprimé traditionnel. »

Doug Powell, Directeur de la création, Schwartz Powell Design

Un portfolio relié présente un avantage évident, celui de maintenir vos travaux fixés les uns aux autres. Ainsi, les risques sont moindres de les voir éparpillés lorsque vous laissez votre portfolio pour consultation. En outre, employeurs et clients préfèrent les formats reliés car ils sont plus faciles et rapides à regarder. Néanmoins, mieux vaut choisir un type de portfolio qui vous permette d'ajouter et de retirer des feuilles selon vos besoins, de façon à ne pas être limité si vous avez besoin d'insérer davantage d'exemples, ou ne pas rester avec des feuilles vides si vous devez en retirer. Cela arrive avec les portfolios bas de gamme, où les feuilles font partie intégrante du produit – mais cela peut aussi se produire avec des portfolios très chers. Une illustratrice de ma connaissance devait ainsi faire remplacer les feuilles de son portfolio sur mesure par le fabricant, chaque fois qu'elle voulait ajouter un nouveau travail ou modifier l'ordre de présentation, et donc payer pour ce service (une somme modique il est vrai). L'adaptabilité doit donc être prise en compte au moment du choix.

Pour les graphistes, certains clients n'aiment pas trop les portfolios reliés, préférant manipuler les échantillons séparément. Il est bon de pouvoir leur offrir cette possibilité : après tout, les compositions graphiques sont faites pour être touchées, utilisées, lues, explorées, bref, manipulées. Mais ce n'est pas toujours pratique. Si vous présentez un travail d'école ou un projet personnel, il n'est pas trop gênant qu'il soit beaucoup manipulé car vous pourrez remplacer l'exemplaire lorsqu'il sera abîmé (disons, quand le vingt-cinquième directeur artistique aura fini de le tripoter). Mais avec du travail publié, vous n'êtes pas toujours certain de disposer de plusieurs exemplaires et il est même parfois difficile d'en obtenir un seul. Dans ce cas, le mieux est de faire faire des reproductions haute résolution, qui pourront être présentées traditionnellement dans un portfolio imprimé ou mises en ligne dans un portfolio numérique. Vous pourrez toujours remettre les originaux aux clients qui désirent les avoir en main.

Pochettes et plastification

Quel que soit le format choisi, votre travail doit toujours être protégé, surtout si vous présentez des originaux ou des échantillons dont la reproduction serait onéreuse, longue ou impossible. Il existe des pochettes de toutes tailles pour les boîtes portfolios ou les portfolios à anneaux. Si vous souhaitez présenter vos travaux séparément, vous pouvez les faire plastifier. Les couleurs peuvent être un peu atténuées sous la fine couche de plastique, mais cela vaut mieux que de voir quelqu'un renverser son café sur votre travail ou, pire, le brûler avec sa cigarette.

« Il faut monter les travaux dans des pochettes. Je trouve que c'est mieux présenté ainsi et cela prouve une attention aux détails. Bien sûr, les pochettes peuvent être placées librement dans une boîte mais un travail en vrac ne paraît ni professionnel ni organisé. »

Richard Ogle, Directeur artistique, Random House

« Les présentations imprimées, c'est parfait. Je compte toujours sur mon vieux portfolio, même si je le mets rarement à jour. Beaucoup de gens présentent des portfolios en ligne. J'aime aussi montrer des carnets de croquis et d'études. »

Josh Keay, graphiste free-lance

Page précédente : Les adeptes du luxe peuvent faire réaliser un portfolio sur mesure, moyennant finances. Ces classeurs reliés en cuir sont fabriqués par Brodies, entreprise installée à Londres, spécialisée dans la fabrication de portfolios à la demande.

Ci-dessous : Certains professionnels, comme l'illustratrice Lydia Fee, préfèrent créer leur propre portfolio ou personnaliser un modèle existant afin de sortir du lot.

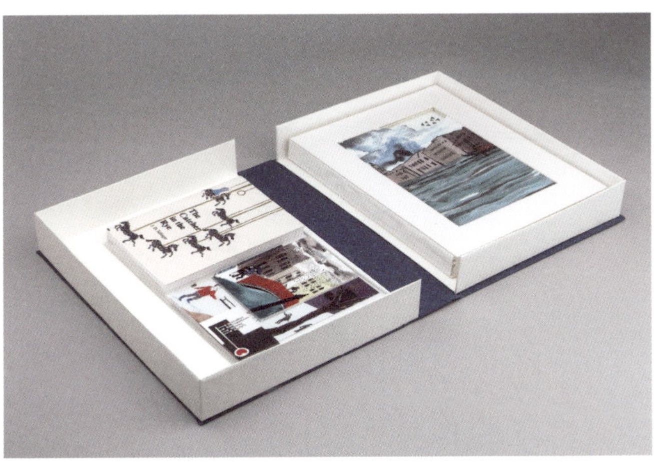

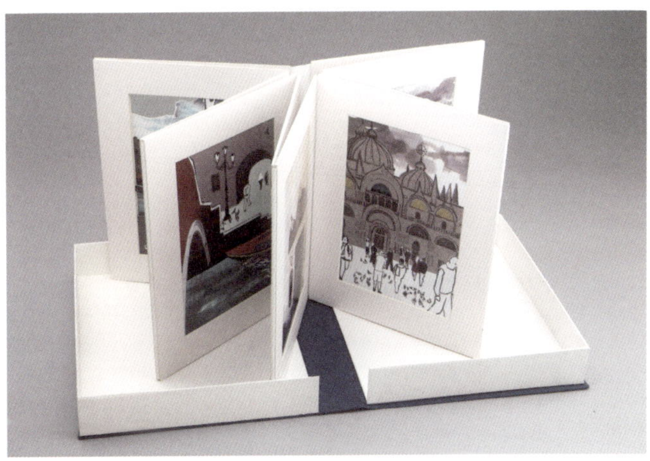

Page suivante : Si possible, les travaux présentés sur une double page doivent être orientés dans la même direction (en haut), afin d'éviter à votre interlocuteur d'avoir à tourner le portfolio dans tous les sens (en bas).

Double page suivante : Une couleur de fond mal choisie (en haut à gauche) peut nuire à votre travail ; cherchez quelque chose qui le mette en valeur sans l'écraser. Évitez l'encombrement (en bas à gauche), laissez vos exemples respirer sur la page. Voici une présentation efficace d'une double page de magazine (en haut à droite), illustrée par Stuart Briers ; les légendes doivent rester brèves et discrètes, ou en contexte (en bas à droite), comme dans cette série de petites illustrations de Gemma Robinson, légendées par le logo du magazine où elles ont été publiées.

Comment présenter votre travail

Si vos images sont sombres et denses, avec un petit air gothique, il n'est pas recommandé de les présenter sur du noir. De même, ne montez pas des images claires, délicates et éthérées sur du blanc. Sauf si cela met votre travail en valeur, oubliez ce qu'on vous a dit à l'école : il n'est pas obligatoire de le monter sur du blanc ou du noir, ni même sur du beige ou du gris. En fait, certains échantillons n'ont même pas besoin d'être montés. Certains illustrateurs impriment leurs images à fond perdu et c'est tout à fait acceptable. En règle générale, une illustration doit être montée sur un fond qui la met en valeur, et si vous estimez que c'est du tweed marron ou du papier de soie lavande, allez-y ! Étant entendu que le fond doit faire ressortir l'image, pas l'écraser.

« Un portfolio imprimé est beaucoup plus rapide à regarder et à passer à d'autres personnes. De plus, nous créons pour le papier, pas pour le web. »

Eleanor Crowe, Directrice artistique, The Folio Society

Essayez d'éviter les montages compliqués : vous préparez un portfolio pour le travail, pas pour la Biennale de Venise – et surtout, que vous soyez graphiste ou illustrateur, évitez les fonds trop épais. Non seulement votre portfolio pèserait une tonne mais en plus, dans la plupart des portfolios à anneaux le dos porte les anneaux d'un côté, la poignée de l'autre : les feuilles sont donc suspendues pendant le transport et leur poids ne tarderait pas à déchirer les œillets. Le remplacement régulier des feuilles coûte cher et le bricolage à l'aide d'un cutter et de ruban adhésif ne peut être qu'une solution temporaire. Choisissez un papier de bonne qualité ou un bristol léger, plutôt que du carton, avec le texte explicatif, si nécessaire, discrètement imprimé dessus. Les étiquettes autocollantes et les Post-it écrits à la main font amateur.

Autre façon de rendre un portfolio deux fois plus lourd que nécessaire : ne présenter qu'un travail par double page, en laissant vierge la page opposée. Dans le monde réel, les illustrations et les compositions sont sans cesse confrontées à d'autres images. Combien de fois passez-vous devant un mur couvert d'affiches plus ou moins grandes, ou feuilletez-vous un magazine où certaines publicités sont difficiles à distinguer des articles ? Des myriades de nouveaux livres, CD, DVD, jeux vidéo, films ne cessent de rivaliser pour attirer notre attention. Croyez-moi, deux images peuvent cohabiter sur la même double page sans perdre leur impact visuel ou s'annuler l'une l'autre. Et si elles n'y parviennent pas, c'est probablement que l'une des deux n'est pas à la hauteur.

Enfin, les graphistes comme les illustrateurs doivent décider de l'orientation de leurs travaux : format portrait ou format paysage. L'idéal est bien sûr de placer sur chaque double page deux exemples orientés de la même façon, mais ce n'est pas toujours possible. Essayez quand même de choisir une orientation pour chacun des formats et de vous y tenir tout au long du portfolio, afin d'éviter les manipulations en tous sens.

« Je n'ai jamais été renversé par un portfolio, seulement par son contenu. »

Steve Rutterford, Directeur artistique, Brooklyn Brothers

Photographies d'exemples de réalisations

Si vous souhaitez montrer dans votre portfolio des travaux qui nécessitent d'être photographiés – installations, étalages, stands d'expositions, fresques murales, réalisations encombrantes ou en trois dimensions (type PLV) – faites-les photographier par quelqu'un qui s'y connaît ou investissez dans un bon appareil et un trépied et faites-le vous-même. Il m'arrive encore de voir des photos de travaux posés contre la haie du jardin, le carrelage de la salle de bain, prises par temps couvert ou sous une lumière artificielle, et floues par-dessus le marché. Ce genre d'amateurisme est tout simplement impardonnable. Ce même conseil s'applique aux images tellement fragiles qu'elles ne peuvent supporter quelques manipulations de clients potentiels.

addiction

addiction

DANGER

Lying in bed, I am reading Dr Gerald Imber's *The Youth Corridor*, a friendly and sagacious book with helpful drawings and a clearly laid-out text, about the whys and wherefores of plastic surgery. I am reading this book because in another minute I'll be – but can this be? – 50. It's actually more a matter of weeks than minutes, and yes, I'm keeping count, but the particulars don't make much difference because it's clear that whenever 50 shows up – it could be tomorrow or two years from now – it comes as a blow to one's perennially youthful psyche, as impossible to grasp about one's own sprightly self as it is plausible when it comes to other people.

Reaching one's 50th birthday is no longer a feat the way it was in, say, the 16th-century essayist Montaigne's time, when the odds were against reaching 60 (Montaigne didn't) and 'death of old age' was 'a rare, singular and extraordinary death'. And it may be true, as Francis Bacon observed, that age will not be defied, but that doesn't mean we're prepared to yield to its advance either. Like the proverbial thin person stuck inside every fat person, inside every 50-year-old is nestled a 30- or 25-year-old – if not an even younger ghostly self, an adolescent habitué of dreams and fantasies who haunts the sites of ancient traumas, replaying juvenile regrets or hopes, failing the chemistry final or bedding the crush-object who never gave you a second look back then. As far as I can tell, this milestone – one that most of the population had little hope of reaching until the beginning of the 20th century brought a dazzling advance in life expectancy – doesn't call out for celebration. What's to get festive about when all I can see in front of me is a decades-long campaign of vigilantly keeping decrepitude at bay as I totter into first the demographic embrace of the 'young old' (the oxymoronic term coined by the gerontologist Bernice Neugarten to demarcate the age group from 65 to 74); then into the trembling clutches of the 'old old' (the over-75s); and then, if the fates and my genes are so inclined, finally into the frail company of the 'oldest old'. One doesn't need to have 'mortuary inclinations', like the death-fixated Alice James, the younger sister of William and Henry, to get a bit grim around the mouth at the prospect. At what point do I let my hair go grey? Cease apologising for my lapses in memory? Allow myself to huff and puff after climbing half a flight of stairs? Is there any moment when it becomes OK for a woman to stop sucking in her stomach and holding her wobbly chins up?

The paradox is that while our culture increasingly treats growing old as a malady, women are increasingly pressured to treat ageing as an inconvenience best not acknowledged. Of course, lying about one's age is second nature for most women. Ageing, like gender, is a social construction, shaped by culture more than by biology, and there is much to be said for fighting artifice with artifice. All the same, few of us have the wit – or the aristocratic temerity – to pick a number, like the great hostess and horsewoman Nancy Astor did, and stoutly stick with it: 'I refuse to admit that I am more than 52,' she declared, 'even if that does make my sons illegitimate.' Most of us are conveniently vague in our strategies, like the friend of mine who, when I asked her how old she was, answered that she had been lying so long about her age that she couldn't remember her real one. Or we are touchingly modest in our self-fabrications, chopping off a year or two. Oscar Wilde, who understood the importance of social masks as well as anyone, considered women who didn't lie about their age to be suspect: 'One should never trust a woman who tells one her real age,' he opined. 'A woman who would tell one that would tell one anything.'

So call me brave or call me foolhardy for announcing the advent of my sixth decade in this bald and inelegant way, but I must confess I do so more in a spirit of defeat than liberation. I wish I could say that I thought committing this wince-inducing truth to print would free me to age gracefully, much less daringly – to accept my crow's feet and sagging muscle tone as signs of having endured, of having lived to tell the tale of life as I know it to those who come after me, like some massively wrinkled tribal woman with a pair of proudly bared drooping breasts. But the reality is that I consider myself to be a hostage to an age-phobic culture, one that fears the inevitability of ageing the way earlier cultures feared death.

Back in bed, I read *The Youth Corridor* into the early morning with mounting anxiety, in spite of Dr Imber's insistence that the subject of how we age 'is not nearly as terrifying as it sounds'. Who's the man kidding? Here on page 19 he has just spelled out the appalling situation: wrinkles are forever. What it comes down to is this: you're born; you get about three decades to prance around looking fresh as a daisy before the inexorable forces of gravity, the sun, free radicals and pesky emotions like sadness and happiness put the shiv in; and, eventually, after looking haggard for the next umpteen years, you die. If you're 23 and a model who exercises and diets rigorously, you're not treading dangerous waters just yet, but you should, according to Imber, already be buoying yourself with time-consuming and deeply boring preventive care. By the time you've passed 40, you would do well to be looking beyond the wonders of Retin-A, vitamin C, alpha hydroxy and other topical applications and into the claustrophobic vista of the operating room. If you haven't gone under the surgeon's knife by 50, it seems, yours is the

If you haven't gone under the surgeon's knife by 50, it seems, yours is the face nature meant you to have – the face, that is, of an incipient hag

Face and fortune

As Western populations grow older, the pressure to look young grows stronger. As she nears her 50th birthday, **Daphne Merkin** must decide whether to face up to her age, or succumb to the surgeon's knife.
Illustrations by **Stuart Briers**

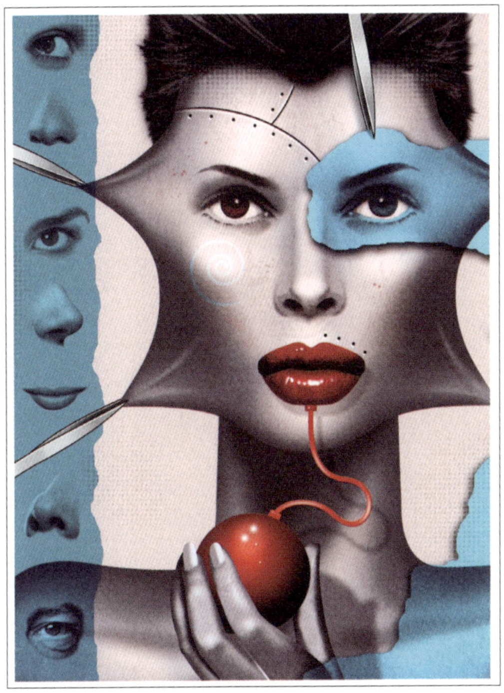

Illustration logement

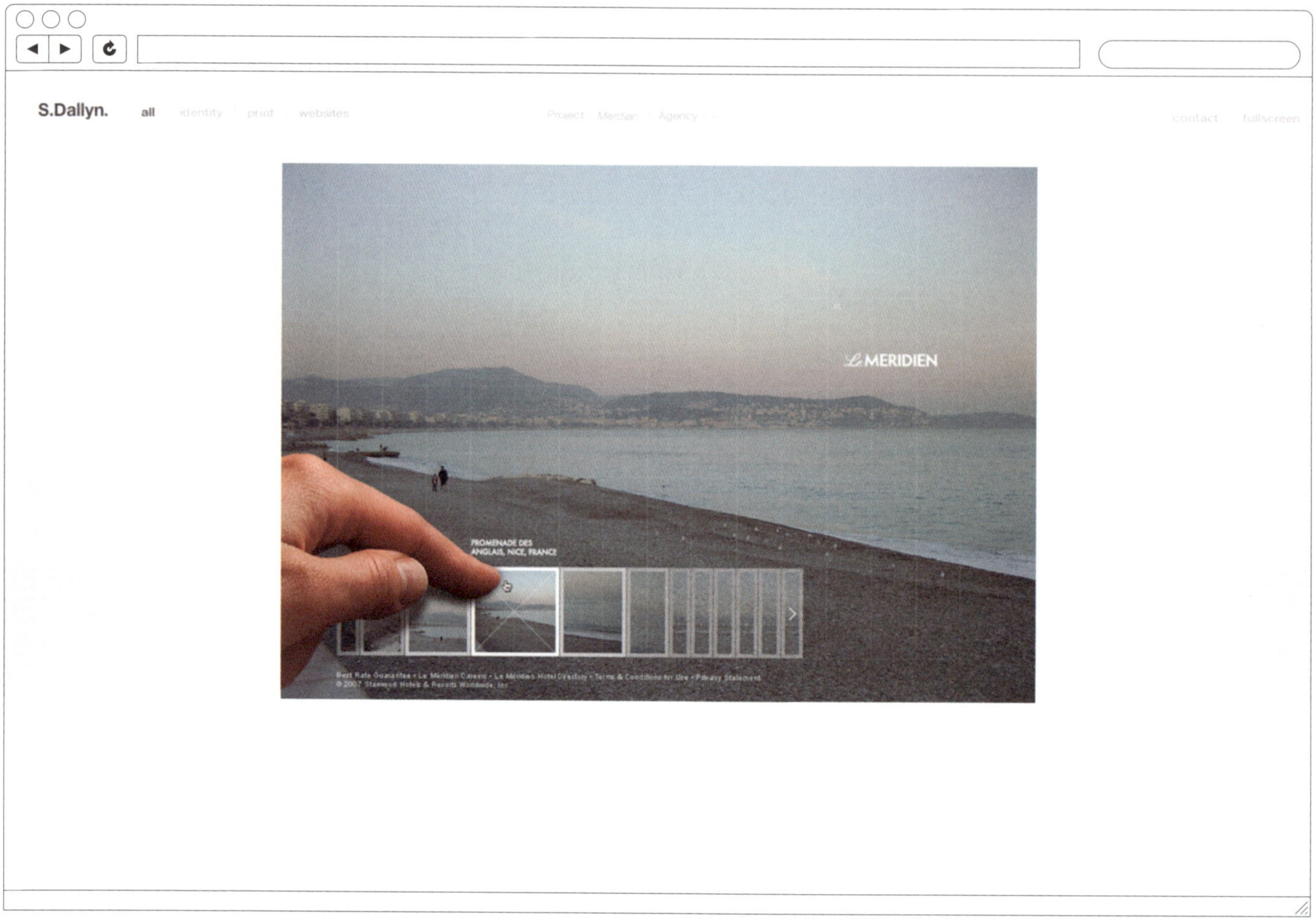
S.Dallyn.
all
Le MERIDIEN
PROMENADE DES
ANGLAIS, NICE, FRANCE

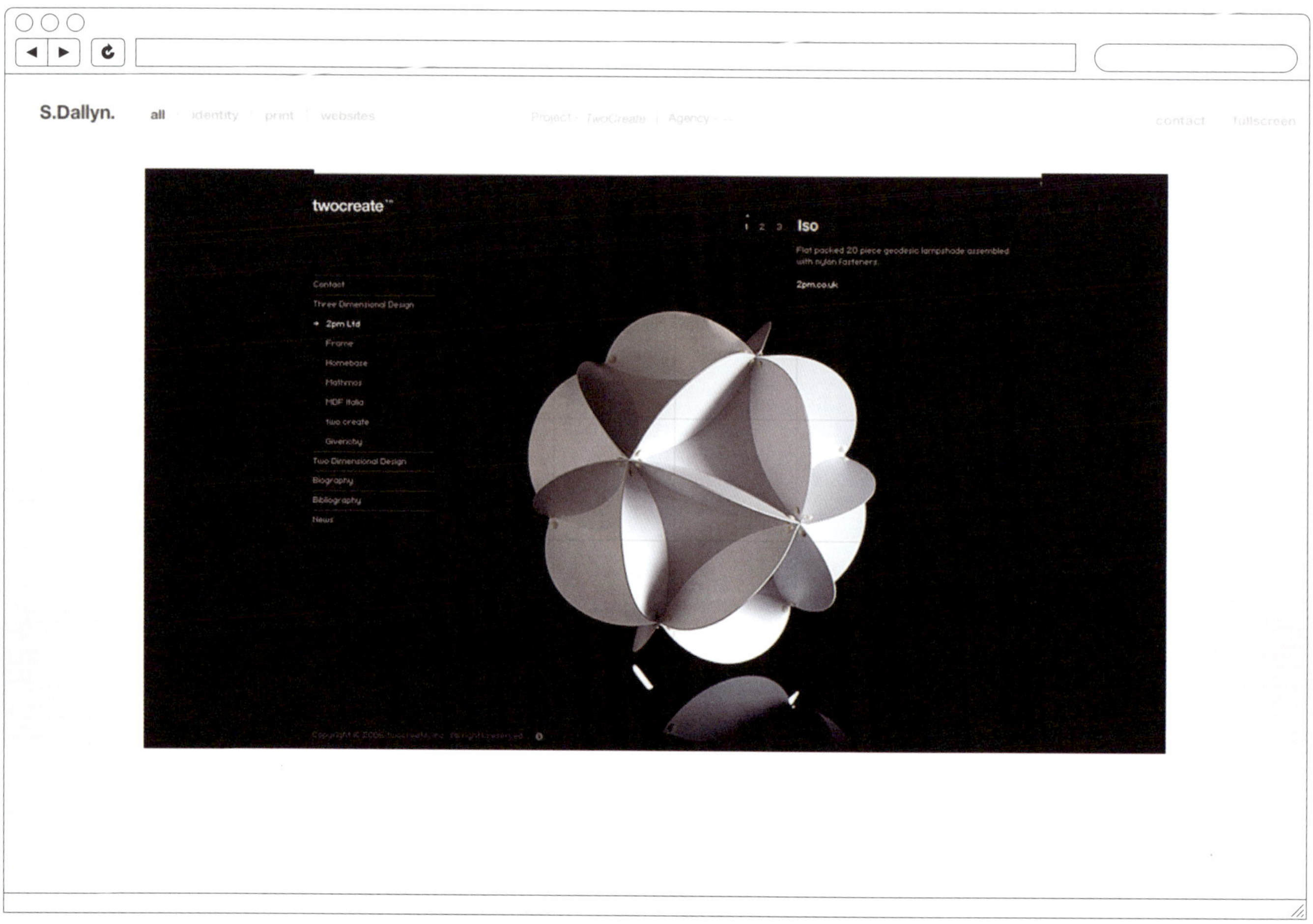
S.Dallyn.
all
twocreate
Iso
Flat packed 20 piece geodesic lampshade assembled with nylon fasteners.
2pm.co.uk
Contact
Three Dimensional Design
2pm Ltd
Frame
Homebase
Mathmos
MDF Italia
two create
Givenchy
Two Dimensional Design
Biography
Bibliography
News

Page précédente : Le portfolio en ligne du directeur artistique et graphiste Sam Dally, réalisé sous Flash, montre très proprement son travail. On voit ici un site web créé pour le groupe des hôtels Le Méridien (en haut) et un autre pour le studio de graphisme pluridisciplinaire Two Create (en bas).

Le portfolio numérique

Certains travaux, notamment les animations et les sites web, ne peuvent pas être montrés à leur avantage dans un portfolio imprimé. Par ailleurs, certains clients et employeurs détestent les portfolios imprimés, dont ils considèrent la consultation comme une corvée. Même ceux qui apprécient l'imprimé préfèrent parfois voir le travail d'un professionnel sur un site web ou un PDF avant (ou au lieu) de les recevoir. Ils peuvent mettre le site dans leurs favoris et le consulter à loisir, sans subir votre discours, et facilement télécharger les images, les partager avec leurs collègues et les transmettre à leurs clients partout dans le monde.

« Il est facile d'ajouter un site web à notre base de données. Les CD sont oubliés dans des tiroirs et le papier se perd dans la masse. »

Judy Wellfare, Directrice de la création, Plus et Plus

Pour une présentation en entretien, rien n'est plus pratique que l'ordinateur portable. Il pèse rarement plus lourd qu'un portfolio traditionnel (certains modèles ultra-plats sont même plus légers) et prend peu de place sur un bureau. En outre, il offre aux professionnels de nombreuses possibilités pour présenter leur travail. Ces derniers peuvent en effet montrer leur site web à l'employeur ou client potentiel (ou bien, dans le cas de graphistes-concepteurs de sites web, une sélection des sites réalisés), montrer leur page Flickr ou autre, projeter un diaporama, ou simplement présenter un choix d'images fixes ou animées que l'on peut emporter en réunion. Côté inconvénients, un ordinateur portable ne peut pas être laissé en dépôt et les clients qui aiment manipuler les images imprimées ou examiner le travail plus en détail que ne le permet l'écran d'un ordinateur risquent d'être déçus. En outre, bien des choses peuvent mal tourner si vous n'êtes pas parfaitement organisé.

« Nous recevons énormément de demandes d'entretien de la part de professionnels et nous ne pouvons pas recevoir tout le monde. Il vaut donc mieux envoyer la première présentation par voie numérique. Si nous aimons, nous recevons la personne. »

Anne Brassier, RP et nouveaux marchés, Airside

Qu'est-ce qui peut mal tourner ?

J'ai supporté des présentations effectuées sur un ordinateur emprunté que la personne ne connaissait manifestement pas ; et même sur un ordinateur dont l'écran pendouillait (l'ordinateur était tombé la veille de la présentation). Et je ne compte plus les fois où j'ai entendu : « Mais ça devrait être là ! J'ai transféré le fichier hier soir ! ». Certains arrivent avec un CD ou une clé USB, persuadés qu'ils vont faire la présentation sur mon ordinateur, sans même me prévenir à l'avance ; d'autres pensent que j'ai une connexion Wi-Fi (ce qui n'est pas le cas). J'ai aussi vu des textes et des images qui ne s'affichaient pas du tout comme leurs créateurs en avaient l'intention (inversés, par exemple) ; et j'ai subi des présentations que l'on pourrait décrire comme l'équivalent numérique d'un portfolio A1 d'étudiant tête-en-l'air, toutes les feuilles éparpillées dans le plus grand désordre – obligeant à une navigation interminable parmi des fichiers et des images placés au petit bonheur sur le bureau de l'ordinateur, et qui pour certains n'avaient rien à voir avec le sujet. Rien de tout cela n'est admissible, surtout quand on prétend être un professionnel de la communication visuelle.

« La présentation numérique devient plus facile à mesure que les outils informatiques des clients s'améliorent. Ils semblent apprécier de ne pas avoir à consulter de portfolios physiques et ils aiment l'immédiateté de l'e-mail et la simplicité des transferts de fichiers aux collègues. Le format PDF est de loin leur favori. »

Lance Hidy, graphiste free-lance

Comment s'y prendre

Il faut tout d'abord établir un plan d'ensemble et un ordre logique. La présentation numérique est plus complexe que l'imprimée, car elle offre plus d'options et de souplesse. Il faut donc réfléchir davantage à ce que l'on veut montrer, comment on le montre et dans quel ordre. Bien sûr, vous n'avez plus à vous battre avec le cutter et la colle, mais votre objectif reste le même. Il s'agit toujours de présenter un ensemble de travaux judicieusement sélectionnés qui mette en valeur vos compétences de la façon la plus directe possible, dans un temps relativement restreint. Les images doivent être de la meilleure qualité possible et aisément accessibles ; les éventuels sites web doivent être faciles à visionner (voir chapitre 6). Et il va sans dire que si la conception des sites web est votre spécialité, votre propre site doit impressionner les employeurs – mais sans que le style nuise à l'ergonomie.

Tout comme les carnets accompagnant un portfolio imprimé, tout élément supplémentaire doit être considéré comme optionnel. Si l'interlocuteur manifeste au cours de l'entretien le désir de voir davantage de travaux d'un certain type, vous ferez bonne impression en étant préparé. Pour être sûr de répondre de façon rapide et efficace à leur demande, le meilleur moyen est de classer et de nommer précisément vos images, afin de savoir exactement ce qu'elles représentent. Cliquer sur une succession de mystérieux JPG n'inspire pas confiance.

Ensuite, il faut être complètement autonome. Chargez à bloc la batterie de votre ordinateur et prenez de quoi parer aux éventuelles catastrophes : un câble d'alimentation et un adaptateur au cas où la batterie flancherait ; des CD et/ou une clé USB au cas où des fichiers disparaîtraient mystérieusement ou que le serveur hébergeant votre site serait hors service ; et pourquoi pas des exemplaires imprimés. Si vous avez une clé d'accès haut débit à Internet, prenez-la aussi. Bref, ne laissez rien au hasard – et ne comptez jamais sur l'ordinateur de votre futur client ou employeur : n'oubliez pas qu'ils vous font une faveur en vous recevant. Essayez de toujours faire votre présentation sur votre propre ordinateur ou, à défaut, sur un que vous savez bien utiliser.

« J'aime voir à la fois des exemples imprimés et numériques, et des animations. »

Christopher Pullman, Vice-président, Design (Télévision publique) USA

Présentations à distance

Si vos clients potentiels se trouvent éloignés de vous géographiquement, les PDF, DVD, CD, séquences QuickTime, JPG et autres répondent parfaitement à la situation. Mais assurez-vous que ce que souhaitez envoyer va être bien accueilli. Une fois de plus, faites en sorte que vos compositions ou vos images correspondent bien aux besoins du client et ne les bombardez pas de centaines de fichiers. De même, évitez les fichiers énormes qui prennent un temps fou à télécharger. Compressez-les, de manière à conserver une définition correcte (cela vaut autant pour les images statiques que pour les vidéos et animations).

« J'aime voir le travail « en vrai » mais j'aime aussi avoir la version numérique pour pouvoir m'y reporter. Un travail à taille réelle montre tous les détails, tandis qu'une photo ou une image réduite à l'écran masque facilement les imperfections. »

Kristina DiMatteo, Directrice artistique, *Print*

Résumé
Choisir le bon portfolio

1.

Un portfolio doit suivre un ordre logique et pouvoir être consulté sans difficulté. Les travaux doivent être présentés de façon claire et impeccable. Votre portfolio doit attirer l'attention dès le départ et la retenir tout au long de la présentation.

2.

Un portfolio imprimé est facile et rapide à consulter et les exemples peuvent être numérisés ou photocopiés. Les formats A3 et A4 sont les plus courants, bien que le format A3 soit plus pratique pour présenter des travaux publiés.

3.

Il existe toutes sortes – formats et systèmes – de portfolios imprimés. Avec un portfolio relié vous risquez moins d'égarer votre travail, tandis qu'avec une boîte, l'interlocuteur peut manipuler les feuilles volantes.

4.

Quel que soit le type de portfolio, son contenu doit être protégé soit par des pochettes, soit, si les feuilles sont séparées, par une plastification. Évitez les feuilles en carton très épais ; utilisez de préférence un papier de bonne qualité ou un bristol léger.

5.

Pour présenter des dessins animés et des créations pour le web, mieux vaut opter pour un portfolio numérique. Certains employeurs préfèrent voir même les créations imprimées sur un site web ou un fichier PDF, car ils peuvent plus facilement les montrer à leurs collègues ou les envoyer à leurs clients.

6.

Utilisez un ordinateur pour les présentations en entretien. L'ordinateur est léger, prend peu de place et offre de nombreuses possibilités pour présenter votre travail.

RYANTOWN
2008
SO WHAT
YOU CAN STILL DO A LOT WITH A SMALL BRAIN!

6

Comment se faire connaître

Il est important de rencontrer personnellement des employeurs ou commanditaires aussi souvent que possible. Comme les offres d'emploi destinées aux graphistes débutants (moins d'un ou deux ans d'expérience) sont rares, et qu'il n'y en a pratiquement pas pour les illustrateurs (les annonces d'agents désireux de gonfler leur portefeuille d'illustrateurs ne comptent pas et ne garantissent pas un travail), vous devez de façon active vous faire connaître sur le marché créatif par tous les moyens possibles. Si vous vous entendez bien avec un employeur potentiel, que vous découvrez que vous êtes sur la même longueur d'onde créative et que vous partagez les mêmes centres d'intérêt, il y a des chances qu'on pense à vous si un poste se libère ou qu'une commande se présente.

Ci-contre : L'illustrateur Rob Ryan fait très bien sa propre publicité. Outre un blog, un site web et la boutique en ligne Etsy, il a également ouvert Ryantown (voir page 122), une vraie boutique vendant ses objets imprimés en édition limitée. Il fait la promotion des nouveautés sur son site web.

Constituer un réseau

Les entretiens présentent un gros avantage : même si la personne qui vous reçoit n'a pas de poste ou de commande à vous offrir, elle connaît peut-être quelqu'un que votre candidature peut intéresser. Et pour la constitution d'un réseau, la recommandation personnelle est beaucoup plus efficace que le démarchage. Donc, lorsque la réaction d'un client à votre travail est positive, demandez-lui s'il connaît quelqu'un susceptible de l'apprécier également. Si vous êtes recommandé à un directeur artistique par un collègue qui connaît ses goûts et ses exigences, il y a des chances pour qu'il accepte de vous recevoir, et plus vous aurez de contacts, plus vous obtiendrez de recommandations. Ne vous inquiétez pas si la personne qui voit votre portfolio n'occupe pas un poste très élevé : d'abord les créatifs progressent souvent assez vite dans la hiérarchie, et ensuite ce sont les jeunes graphistes, dans certains secteurs, qui travaillent sur les projets les plus passionnants et dont les idées innovantes sont le mieux considérées. La rencontre avec un futur directeur artistique peut très bien être l'ouverture dont vous avez besoin.

« Avant de voir quelqu'un, il faut soit que je voie des échantillons très intéressants, soit qu'il me soit recommandé. Dans l'un ou l'autre cas, je reçois volontiers la personne. »

Steve Scott, Directeur artistique, Scholastic

Par certains côtés, le monde de la création a très peu changé depuis que j'ai quitté l'école. Toutefois, à l'époque où je débutais comme graphiste, je n'avais pas le bénéfice du web et très peu de ressources à ma disposition. Je n'avais pas d'autre alternative que de « bombarder » les clients à l'aide des annuaires professionnels – et je parle là d'un bombardement aveugle car, à l'exception des agences connues ou de celles qui avaient acheté un encart publicitaire en plus de l'insertion de leurs noms et coordonnées, il n'y avait aucun moyen de connaître le genre de travail qu'elles réalisaient ou leurs domaines de spécialisation. C'était une entreprise longue et démoralisante, et c'est pourquoi je ne la recommande pas. J'épluchais systématiquement toutes les listes, envoyant quinze à vingt lettres par semaine, le plus souvent à des entreprises dont je ne savais rien. Un tiers d'entre elles, tout au plus, me répondaient et parmi ces dernières, seules deux ou trois acceptaient de voir mon portfolio.

Heureusement, les graphistes disposent aujourd'hui pour choisir leurs cibles de beaucoup plus d'informations que je n'en avais. Mais vous pouvez suivre mon exemple sur un point : je disais en effet aux destinataires de mes lettres que j'étais bien consciente qu'ils n'avaient pas de poste à m'offrir, mais que j'étais persuadée que leur avis professionnel me serait précieux, et ne leur demandais que quelques minutes de leur temps. J'avoue volontiers que je mentais. Bien que les avis professionnels ne soient pas inutiles, si je me suis traînée à tant de rendez-vous souvent infructueux, c'était bien dans le vague espoir qu'un jour, quelqu'un non seulement aimerait mon portfolio, mais en plus aurait un poste de graphiste débutant à pourvoir et n'aurait pas encore passé d'annonce – et il se trouve que c'était parfois le cas. Ma candidature fut retenue deux ou trois fois, puis j'obtins mon premier travail – un stage sans intérêt d'un mois, payé sous le manteau. Puis on m'offrit un autre poste, un stage de trois mois, payé, dans une des plus grandes agences londoniennes de stratégie de marque – tout ça en l'espace d'une semaine. Finalement j'ai décroché mon premier vrai emploi grâce à d'anciens camarades d'école. La constitution d'un réseau peut être pénible, mais ça finit toujours par payer.

Les illustrateurs se voient rarement offrir des emplois salariés : l'entretien d'un réseau est donc pour eux une activité permanente et ils doivent exploiter toutes les occasions qui se présentent à eux. Il arrive qu'un matériel promotionnel que vous envoyez à un client potentiel se trouve être exactement ce qu'il recherche (auquel cas il peut vous demander s'il a déjà été utilisé et, si ce n'est pas le cas, vous l'acheter). Ou bien ces travaux sont proches de ce qu'il recherche et il vous passe commande d'une illustration similaire, sans vous rencontrer. De nombreux illustrateurs reçoivent des commandes de cette façon, parfois plusieurs fois de suite, sans jamais rencontrer personne. Il n'est pas toujours pratique d'organiser un rendez-vous mais, si le client n'est pas trop éloigné, n'hésitez pas. Les clients ont tendance à mettre des étiquettes sur les illustrateurs et un rendez-vous vous donnera l'occasion de montrer qu'ils peuvent aussi vous utiliser pour autre chose. Ils peuvent repérer dans votre portfolio quelque chose qui change leur point de vue sur vos capacités.

« Je ne regarde jamais les CV. Seul les travaux m'intéressent. »

Martin Colyer, Directeur artistique, *Reader's Digest*

CV et lettre de présentation

Certains professionnels optent pour le démarchage téléphonique, mais vous avez intérêt à avoir des nerfs d'acier, à moins d'avoir vendu des espaces publicitaires ou travaillé dans un centre d'appels dans une vie antérieure. Plus votre cible est haut placée et plus elle est demandée, et plus il sera difficile de franchir l'obstacle de sa secrétaire. L'avis que je vais vous donner n'est pas très orthodoxe, mais il a souvent marché pour moi : quand on vous demande qui vous êtes et ce que vous voulez, au lieu de répondre : « Je suis un graphiste/un illustrateur inconnu qui cherche désespérément à montrer son travail à votre patron », donnez simplement votre prénom, de façon aussi décontractée que possible. Il y a des chances pour que la secrétaire pense que vous êtes un ami ou un parent et vous le passe. Travaillez de toute façon à vous en faire une alliée. Si ça ne marche pas, vous pouvez fréquenter les événements professionnels (remises de prix, expositions privées ou séminaires) dans le seul but de rencontrer vos cibles insaisissables.

« Le CV et sa présentation sont essentiels, de même que l'absence de fautes dans le CV ou la lettre de motivation. Je demande aussi aux candidats trois choses qui les inspirent. Une fois, j'ai même embauché sur le champ une candidate grâce aux échantillons qu'elle avait apportés. »

Josh Silverman, Président/Fondateur/Ministre de la Perspective, Schwadesign, Inc.

L'envoi d'e-mails non sollicités donne des résultats souvent décevants, bien qu'on puisse parfois vous demander d'envoyer votre candidature par e-mail en réponse à une offre d'emploi spécifique. Si vous tentez une démarche non sollicitée auprès d'un employeur potentiel, je vous conseille de toujours envoyer une vraie lettre. Il faut bien sûr que le texte soit impeccable, sans une seule faute de frappe ou d'orthographe, que vous écriviez ou non dans votre langue maternelle – si nécessaire, demandez à quelqu'un qui parle la même langue que votre cible de la relire. Cette lettre doit être adressée à quelqu'un. Une lettre bourrée de fautes d'orthographes ou écrite en langage « parlé » se retrouvera instantanément à la corbeille, de même que celles qui commencent par « Madame/Monsieur » (surtout si l'agence porte le nom de la personne à qui vous réclamez un entretien, auquel cas il est facile de savoir s'il s'agit d'un homme ou d'une femme).

Votre lettre doit être polie, concise et aller droit au but. Elle ne doit jamais faire plus d'une page A4 (recto seul). Vous devez non seulement vous présenter en tant que professionnel, mais énoncer clairement que vous connaissez le type de travail traité par la personne que vous ciblez et en quoi vos compétences peuvent lui être utiles. Si par exemple, jeune graphiste, vous vous destinez à la création de couvertures de livres, vous pouvez mentionner dans une lettre à un éditeur : « J'ai beaucoup aimé votre travail sur les rééditions de tel ou tel auteur. Comme vous pouvez le constater sur les échantillons ci-joints, extraits de mon travail de fin d'études, en tant que graphiste je m'intéresse avant tout à la fiction littéraire. »

Tandis qu'un illustrateur spécialisé dans la cuisine, le jardinage et les voyages pourrait écrire : « J'ai beaucoup aimé votre nouveau concept pour la gamme de tisanes X et je joins une copie d'un article sur la médecine chinoise que j'ai illustré pour l'édition de novembre du magazine *La santé par les plantes*. »

Le choix du papier, de la police de caractères et la façon dont vous présentez votre lettre doivent refléter votre personnalité de créateur, de même que votre en-tête si vous en possédez un. Si ce n'est pas le cas, je vous conseille d'envisager sérieusement d'en créer un. À ce stade, vous devez faire tout ce qui est en votre pouvoir pour aiguiser l'appétit d'employeurs ou de clients potentiels. Un en-tête bien conçu attire l'attention de façon tout aussi efficace que les projets les plus complexes de votre portfolio : il peut même être la raison qui va les pousser à regarder votre portfolio.

Quant aux graphistes, soit dans le cadre d'une candidature spontanée soit en réponse à une offre d'emploi, il est habituel qu'ils joignent un CV détaillant les compétences et expériences mentionnés dans la lettre de motivation. Ce CV ne doit pas dépasser une feuille A4 recto-verso et l'ordre chronologique inversé (du plus récent au plus ancien) semble être devenu la norme. Votre CV est la vitrine de vos compétences et doit être aussi représentatif visuellement de votre façon de penser et de communiquer que le reste de votre portfolio. Certains employeurs sont plus sensibles que d'autres au contenu du CV d'un débutant, mais tous s'attendent à y trouver des compétences typographiques et une certaine personnalité.

À l'inverse, un CV ne présente pratiquement aucun intérêt pour un illustrateur. Si vous avez travaillé pour des clients connus ou importants, indiquez-le dans votre lettre d'introduction et concentrez-vous sur le choix d'exemples à la fois forts et représentatifs dans votre portfolio.

« Je m'intéresse de près au CV. Non seulement pour ce qu'il dit, mais pour ce qu'il ne dit pas et pour la façon dont les informations sont présentées. »

Robert Linsky, Vice-président sénior Design, Art Plus Technology

Ci-dessous et page suivante :
La lettre et le CV de cette étudiante en deuxième année d'arts graphiques sont directs, bien présentés et concis (une feuille A4). La lettre est bien tournée, personnalisée et pleine d'informations. Elle a toutes les chances de susciter une réaction positive.

Millie Scarlett Davies
Graphiste

Pentagram
204 Fifth Avenue
New York NY 10010

Cher M. Bierut,

Permettez-moi de me présenter. Mon nom est Millie Scarlett Davis et je vais bientôt entamer ma dernière année d'études en création graphique à l'université de Brighton. Je voudrais par cette lettre vous dire à quel point j'admire le travail réalisé par Pentagram, le classicisme et la simplicité de ses propositions graphiques alliées à la puissance des concepts et des idées, toujours impeccablement mises en œuvre. Dans un de vos derniers projets, intitulé « Life List », j'ai particulièrement aimé la façon dont la typographie et les illustrations d'oiseaux se combinent pour susciter l'intérêt du lecteur, qui passe de façon dynamique du texte à l'image de l'oiseau décrit. Une conclusion à la fois simple, subtile et merveilleusement conçue.

Je viens de terminer un échange d'un semestre avec le Minneapolis College of Art and Design (MCAD). Ce fut une expérience très enrichissante au cours de laquelle j'ai beaucoup appris sur la création graphique et sur moi-même en tant que graphiste. J'y ai découvert des gens et des lieux qui m'ont énormément apporté en termes d'enseignement et d'inspiration. J'en suis revenue encore plus passionnée par la création graphique, encore plus confiante dans mes choix et je ne regrette pas d'avoir saisi cette occasion qui a transformé mon existence. Toute cette aventure m'a en outre donné l'envie de continuer à voyager et à découvrir d'autres cultures.

Je dois venir à New York cet été pour étudier de plus près le secteur de la création graphique et je suis sûre que ce sera à nouveau une expérience passionnante. Quand mon professeur Siobhan Keaney m'a suggéré de prendre contact avec vous, je me suis sentie à la fois intimidée et honorée qu'elle pense que vous pourriez souhaiter me rencontrer. J'ai conçu un « plan » de moi-même et j'aimerais vous l'envoyer, afin de vous donner une idée de mon travail de graphiste. Je m'intéresse particulièrement aux plans et au graphisme d'information. J'ai une préférence pour les travaux porteurs d'idées fortes et réalisés dans un style classique, voire traditionnel, mais j'aime aussi m'écarter des sentiers battus. Je m'inspire de livres, d'affiches et d'emballages anciens. Mon habitude de ramasser tout ce que je trouve se révèle être un avantage, car les choses que j'accumule finissent souvent par devenir des sources d'inspiration. Je viens juste de terminer mon site web. Je l'ai non seulement conçu, mais j'ai aussi relevé le défi de le réaliser moi-même et je suis ravie de m'être forcée à apprendre le codage. Je vous serais très reconnaissante si vous pouviez y jeter un coup d'œil et me dire ce que vous en pensez, car je souhaite plus que tout apprendre et progresser.

Je vous remercie d'avoir pris le temps de lire cette lettre et j'espère que vous voudrez bien y répondre et me donner quelques conseils. J'aimerais également beaucoup pouvoir vous rendre visite quand je serai à New York.

Meilleures salutations,

Millie Scarlett Davies

Millie
09

Merci beaucoup
d'avoir lu cette lettre

« Pour moi le CV est le plus important des matériels de promotion. Le nombre de CV épouvantables que je reçois est sidérant. S'ils ne savent pas concevoir un CV, ils ne savent probablement pas concevoir tout court. »

Colin McHenry, Directeur artistique du groupe, Centaur Media

Millie Scarlett Davies
Graphiste

[Adresse]
[Numéro de téléphone]
[Adresse e-mail]
[Site web (le cas échéant)]

Expérience professionnelle
En rapport avec les études

— Damage Studios	*4 semaines, juillet 2009*
— Liberty of London	*2 semaines, juin 2008*
— Matt Wingfield	*2 semaines, juin 2008*
— IDEO London	*2 semaines, septembre 2005*

Expérience professionnelle
Autre

— Window Kit	*février 2009 – jusqu'à aujourd'hui*
— Next Retail Ltd	*août 2005 – jusqu'à aujourd'hui*

Formation

University of Brighton	*BA (Hons) Graphic Design*
Minneapolis College of Art and Design	*Échange d'un semestre*
Kingston University	*Distinction (Foundation Diploma)*
Rosebery School	*A-Levels: 2As, 1B and Head Girl*

Points forts
Travail d'équipe
Animation d'équipe
Optimisme
Enthousiasme
Fiabilité
Loyauté
Honnêteté
Organisation
Confiance en soi
CS3 et Dreamweaver

Réalisations
— Création de l'identité visuelle pour le Fashion Show 2009
— School of Historical and Critical Studies
— Invitation à l'exposition des travaux de fin d'études 2009

Informations complémentaires
sur demande

Ci-dessous : Rob Ryan, connu pour son travail sur les papiers découpés et la sérigraphie, est également un as de l'autopromotion. Dans sa boutique londonienne, Ryantown, ses créations sont vendues avec du matériel promotionnel et des sacs décorés.

Page suivante : À la foire aux livres de Bologne, l'illustrateur irlandais Donough O'Malley apporta des figurines représentant les personnages de son livre pour enfants, *Monkey See, Monkey Do* (publié par Frances Lincoln en 2007). Emballées dans des boîtes portant ses coordonnées, elles se révélèrent un excellent et efficace matériel de promotion.

Le matériel de promotion

Les échantillons promotionnels peuvent servir à présenter votre travail à un employeur avant de le voir, ou à lui rafraîchir la mémoire après l'entretien. Ces matériels sont extrêmement variés, depuis la simple sortie papier imprimée à la maison jusqu'aux cartes et brochures imprimées professionnellement, en passant par les publicités ou exemples de travaux parus dans des annuaires professionnels, mais aussi par les DVD d'animation et livres fabriqués par vos soins. On peut aussi y inclure des objets tels que tasses, badges, autocollants et tapis de souris. Concernant ces objets, mieux vaut les offrir en souvenir à la fin d'un entretien que de les envoyer dans l'espoir de décrocher un rendez-vous. La profession est très divisée à leur sujet et certains professionnels les trouvent navrants.

« Je ne crois pas à la nécessité de tous ces gadgets promotionnels. Mieux vaut se concentrer sur la mise au point d'un portfolio fort et cohérent. »

Jennifer Pastore, Rédactrice photo adjointe,
T: The New York Times Style Magazine

N'en faites pas trop. Un matériel promotionnel généraliste, plus un ou deux exemples soigneusement choisis de votre meilleur travail, bien imprimés sur du papier de qualité, ont plus de chance de convaincre la personne de vous rencontrer que l'envoi de votre portfolio au grand complet. Les gens sont très occupés, et un trop grand nombre d'échantillons risque de leur donner une parfaite excuse pour éviter de vous recevoir : « Hé bien, je crois que nous avons une idée assez précise de ce que vous faites. Nous allons conserver tout ça au cas où quelque chose se présenterait. » Votre rendez-vous est tué dans l'œuf, de même que toute proposition de travail « spontanée » et autres recommandations.

Il va sans dire que tout matériel de promotion, numérique ou imprimé, doit porter vos noms et coordonnées. Je suis tout à fait contre l'envoi de CD, sauf en cas de demande explicite, car la plupart des employeurs n'aiment pas ça. La simplicité et l'immédiateté de l'image imprimée sont des atouts importants.

« Parfois le travail promotionnel l'emporte sur les échantillons de travaux réels. Il est important que tout l'effort ne porte pas sur la promotion et que le travail lui-même n'en souffre pas. »

Kristina DiMatteo, Directrice artistique, *Print*

Ci-dessous : Pour leur promotion de Noël 2008, les consultants graphistes MARC&ANNA ont choisi quelque chose de très pratique : un torchon pour essuyer les inévitables débordements festifs.

« Les objets promotionnels uniques doivent être absolument époustouflants. »

Neil Dawson, Directeur de la création Monde, Philips, DDB

Ci-dessous : L'équipe britannique de Because Studio a réalisé un livre promotionnel fait main, tiré à 50 exemplaires et contenant une sélection de projets réalisés au cours d'une période de six mois.

«Je ne regarde jamais vraiment le CV, seulement le travail. Plus le matériel de promotion est inventif, mieux c'est.»

Andy Altman, Associé/Directeur de la création, Why Not Associates

Page précédente : Girls Who Draw est un collectif d'indépendantes pluridisciplinaires décidées à se faire connaître d'un plus vaste public. Parmi leur matériel d'autopromotion, on trouve (en haut) une boîte-carte postale *Love to Print*, créée par Yee Ting Kuit, une carte dessinée par Gemma Correll et (en bas) un livre intitulé *Misfits*, avec une composition pour carte postale signée Bogus Baby.

Ci-dessous : L'illustrateur Jay Taylor a choisi le mini-livre comme méthode d'autopromotion. Sa première publication, *Illustration Illustrated*, a eu tant de succès qu'il a créé une suite, *Throw-Away Art*. Barnaby Richards (en bas) a réalisé une série de trois livres qu'il a lui-même publiés. Tirés chacun à 1000 exemplaires, ces livres ont été vendus dans le monde entier, et même à la boutique Paul Smith de New York.

Conseils pour la présentation

La plupart des employeurs du secteur de la création s'habillent souvent comme lorsqu'ils étaient étudiants, en un peu plus chic : jeans, T-shirts, lunettes retro-geek et beaucoup de noir. Autrement dit, à moins qu'il n'ait un rendez-vous avec une entreprise ou son banquier, votre interlocuteur ne sera sûrement pas en costume-cravate lors de votre entretien. Surtout si la présentation fait suite à une offre spontanée de votre part, l'entrevue sera informelle, donc mieux vaut adopter une tenue qui vous donne confiance en vous, chic (quelle que soit votre interprétation du terme) et confortable. En revanche, si vous avez rendez-vous, en tant que graphiste ou illustrateur indépendant, avec un client qui n'appartient pas au monde de la création, vous pouvez vous habiller de façon plus ou moins formelle selon le secteur d'activité du client. Les gens qui travaillent dans de grandes entreprises ou dans la finance sont en général plus à l'aise avec des interlocuteurs en costume qu'avec ceux qui arborent tatouages et piercings.

« J'ai fortement recommandé des graphistes débutants qui m'ont impressionné par leur attitude, leur professionnalisme, leur franchise et… leur portfolio, bien sûr. »

Doug Powell, Directeur de la création, Schwartz Powell Design

Quelle que soit la tenue adoptée, il vous faut observer certaines règles :

Soyez ponctuel. Si vous êtres très en avance, patientez dans un café ; si vous êtes en retard, ne vous étonnez pas que l'accueil soit peu aimable. Le fait d'arriver à l'heure montre que vous êtes une personne fiable, qualité essentielle aux yeux d'un employeur ou d'un client.

Regardez votre (vos) interlocuteur(s) dans les yeux. Pendant quelques années j'ai donné un cours de gestion de carrière au cours duquel je demandais à des étudiants de différentes disciplines de s'interviewer mutuellement. Nombre d'entre eux évitaient de se regarder dans les yeux et parlaient de leur travail et de leur vie en fixant le mur ou le plancher. Aucune communication.

Montrez que vous avez préparé l'entretien. Faites en sorte de connaître l'entreprise ou l'individu que vous rencontrez.

Soyez prêt

Certains points de cette liste peuvent sembler évident, mais de nombreux créatifs pensent qu'il suffit d'apporter son portfolio, et sont mal préparés aux problèmes qui peuvent survenir ou aux demandes de leur interlocuteur. N'oubliez pas :

L'adresse et le numéro de téléphone de votre rendez-vous. Et même un plan du quartier ou un itinéraire Mappy. Pourquoi prendre le risque de vous perdre et d'arriver en retard ? Pourquoi confier votre ponctualité au hasard si cela risque de nuire à votre professionnalisme ?

Votre téléphone portable (en cas de retard ou d'urgence).

Des exemplaires de votre CV et éventuellement des cartes de visite et du matériel de promotion. Vous allez peut-être rencontrer davantage de personnes que prévu.

Votre agenda, un carnet de notes et un stylo qui marche. Vous souhaiterez peut-être prendre des notes. Ou noter un brief, ou prendre date pour un autre rendez-vous.

Une solution de secours fiable en cas de présentation numérique (voir chapitre 5).

« Pendant l'entretien, ne passez pas votre temps à parler. Taisez-vous, sauf pour répondre aux questions. Ne courez pas le risque de dire quelque chose de mal venu. Parfois, le silence pendant un entretien est un test. »

Kristina DiMatteo, Directrice artistique, *Print*

Comment présenter votre portfolio

Que vous soyez graphiste ou illustrateur, vous devez réfléchir objectivement à vos points forts et centres d'intérêt professionnels, et être prêt à en parler.

La présentation du travail fait partie du métier du graphiste, que ce soit pour montrer ses projets à l'entreprise pour laquelle il travaille ou aux clients de cette dernière. Il doit donc être capable d'en parler de façon intelligente et succincte à la fois, car ce discours va être scruté d'aussi près que le travail lui-même. Même si cela peut sembler difficile, il s'agit simplement de définir le cahier des charges de chaque projet, d'expliquer comment vous y avez répondu et pourquoi vous avez choisi telle ou telle proposition. En préparant ces éléments avant une présentation, non seulement vous vous familiariserez avec l'activité de votre employeur potentiel, mais vous vous sentirez plus sûr de vous. Les graphistes free-lance doivent se souvenir qu'en dehors du monde de la création, les clients sont surtout intéressés par le résultat, pas par le processus.

« Je veux voir de beaux projets, bien présentés dans un portfolio facile à manipuler, plus une personne intéressante, professionnelle, capable de parler intelligemment de son travail. »

Steve Scott, Directeur artistique, Scholastic

Ce que recherchent les employeurs du secteur de la création, ce ne sont pas des commerciaux purs et durs ; ils veulent une pensée logique, de la créativité et du talent, plus une personnalité avec laquelle ils pensent pouvoir travailler. Ils attendent aussi de l'honnêteté, c'est-à-dire la capacité entre autres à admettre ses points faibles. Personne n'apprécie quelqu'un qui exagère ses compétences et qui de toute façon sera démasqué – comme ce candidat qui chercha un jour à se faire passer pour un diplômé des Arts-déco de Paris (ENSAD) devant deux anciens élèves de cette école, qui y étaient précisément pendant la période où il prétendait l'avoir fréquentée.

« C'est un tout petit milieu, où tout le monde se connaît. L'ambition est certes une qualité, mais la modestie et l'honnêteté vous mèneront bien plus loin que la poudre aux yeux. Il est important aussi de reconnaître le travail des équipes avec lesquelles vous avez collaboré. »

Judy Wellfare, Directrice de la création, Plus et Plus

Pour évaluer votre temps de parole, observez votre interlocuteur. Certains aiment qu'on leur explique chaque projet du portfolio et posent beaucoup de questions, tandis que d'autres préfèrent se concentrer sur le travail et ne souhaitent pas de commentaires. La première fois que j'ai rencontré un interlocuteur de ce type – un directeur artistique d'une maison d'édition – je l'ai trouvé mal élevé et ne s'intéressant pas au travail. Je me trompais complètement. Bien que n'ayant pas ri à mes anecdotes soigneusement préparées, et n'ayant pas semblé s'intéresser à ce que je lui racontais au sujet des artistes représentés, il avait parfaitement enregistré leur travail. Une semaine environ après la présentation, que j'avais considérée comme un échec total, il appela pour proposer deux couvertures de livres convenant parfaitement à deux illustrateurs dont il avait bien compris le style. Le refus de bavarder peut donc venir simplement d'une intense concentration. Je conseille donc d'offrir une brève description de chaque projet et de demander si l'interlocuteur désire d'autres explications, puis d'agir en conséquence.

« Au-delà du talent, l'important, c'est la personnalité. Si nous trouvons une personne pleine de talent mais désagréable, nous ne travaillons pas avec elle. En revanche, nous ne rejetons pas quelqu'un qui n'est pas tout à fait au point mais qui est ouvert et de bonne volonté. »

Anne Brassier, RP et nouveaux marchés, Airside

Ci-dessous : Un site web personnel rapide à ouvrir, facile à visiter et bien présenté est un must. Les sites présentés ici sont, en partant du haut, ceux de l'agence pluridisciplinaire Remote Location, de la graphiste/typographe/photographe Caroline Fabes et de l'illustratrice de livres pour enfants Polly Dunbar.

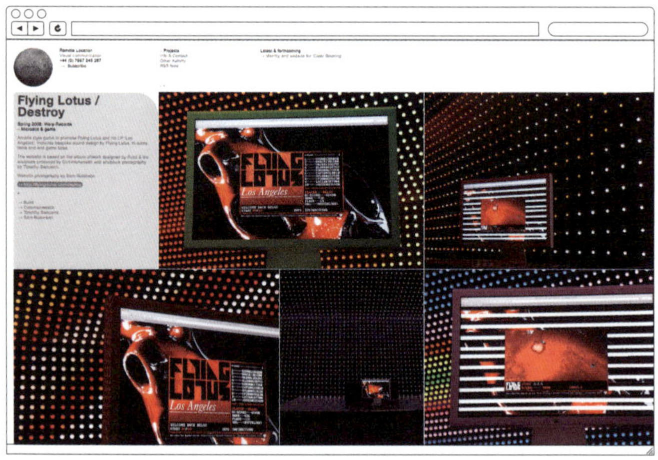

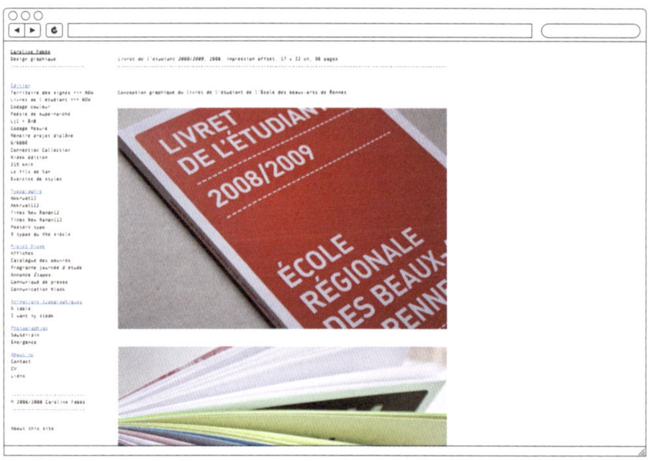

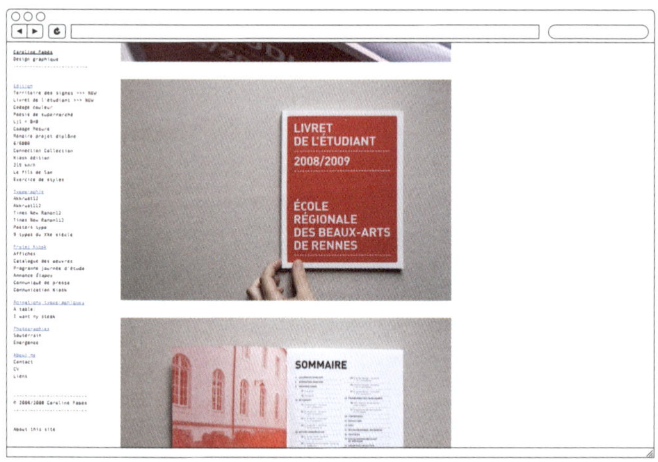

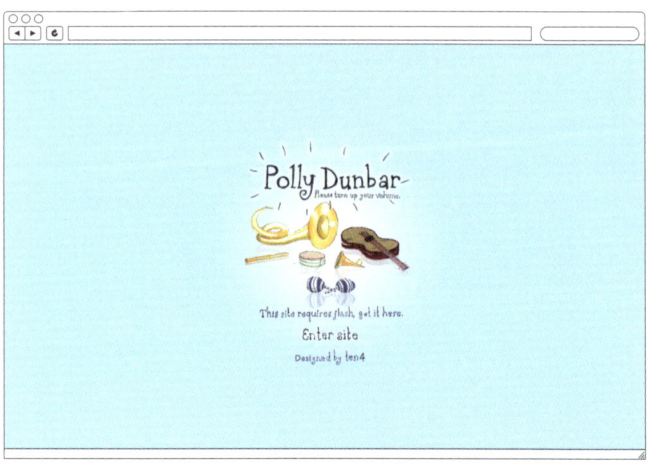

Suivi post-entretien

Outre les matériels promotionnels que vous pouvez laisser derrière vous, il existe bien d'autres façons de rappeler votre existence à ces contacts durement acquis. Commencez par leur adresser un mot de remerciement sous la forme de votre choix : maintenant qu'ils vous connaissent, ils liront probablement votre e-mail, surtout s'ils ont aimé votre travail. Par la suite d'autres occasions se présenteront : vœux, changement d'adresse ou nouveau site web, récompense ou concours gagné, insertion dans un annuaire professionnel, nouveau travail promotionnel, voire un échantillon provenant d'un surplus d'épreuves d'imprimeur. Un client dans l'édition me fit un jour cadeau de jaquettes de livres, que j'ai envoyées à titre publicitaire à des employeurs qui avaient aimé le travail de l'illustrateur. Cela ne m'a coûté que quelques timbres, et m'a rapporté quelques jours plus tard un travail très lucratif.

Les événements professionnels peuvent être l'occasion de rencontrer à nouveau vos contacts. Ils permettent également de rester en relation avec des amis et condisciples qui, à leur tour, peuvent vous présenter à leurs contacts ou vous indiquer des pistes intéressantes. C'est une façon agréable de se constituer un réseau, qui ne demande que de s'intéresser réellement au métier et aux gens qui l'exercent.

« Il est tellement facile de créer un site web qu'un illustrateur n'a pas vraiment d'excuse de ne pas en avoir un – aussi simple que possible. Depuis l'invention d'Internet, il n'y a plus de barrières. »

Dave Day, Directeur artistique, Fallon

Sites web

Tous les créatifs doivent être présents sur le web, quelle que soit leur spécialité, car l'accès à un site web est une façon simple et rapide pour les employeurs et clients d'aller regarder à nouveau un travail qu'ils ont vu quelque temps auparavant. Un site web personnel est bien entendu indispensable à tout professionnel spécialisé dans la création pour le web. La navigation doit être intuitive, les images suffisamment grandes et rapidement téléchargeables. Le site doit être testé et compatible avec tous les navigateurs que vos contacts sont susceptibles d'utiliser et le texte doit être lisible et exempt de toute faute de frappe ou d'orthographe. Il est improbable qu'un client dans la création ne soit pas équipé de Flash ou utilise encore un modem, mais pour plus de sûreté, il est bon d'avoir une version HTML.

Si l'idée de concevoir et de fabriquer votre propre site web vous tétanise, vous pouvez faire appel à un étudiant en création web, ce qui est économique et avantageux pour les deux parties. Si ce n'est pas possible, il existe des entreprises d'hébergement en ligne ainsi que des fabricants de logiciels qui fournissent aux personnes avec peu ou pas d'expérience dans la création de sites les moyens d'en créer un à partir de zéro. En outre, de nombreux organismes professionnels permettent aux créatifs de charger des images sur un portfolio en ligne, moyennant un abonnement. Il existe également des sites d'hébergement bon marché, comme Flickr ou Photobucket, qui permettent aux utilisateurs de mettre en ligne et d'organiser autant d'images qu'ils le désirent. Ces sites comportent de nombreux groupes spécialisés dans le graphisme et l'illustration, et les visiteurs peuvent être redirigés vers les sites web individuels et/ou les profils MySpace ou Facebook. Les blogs individuels ou spécialisés dans la création, ainsi que les communautés qui gravitent autour, vous offrent encore d'autres possibilités de montrer votre travail. Et bien sûr, il y a de nombreuses ressources sur le web, comme Blogger, LiveJournal et WordPress qui permettent à tout un chacun de lancer gratuitement son propre blog.

« La meilleure idée que j'ai eue, ça a été d'acheter un simple logiciel, WYSIWYG (what you see is what you get), et de créer mon propre portfolio en ligne. C'est bien plus simple pour appâter le client : il suffit d'envoyer un lien. En plus, vous paraissez organisé, professionnel et moderne. Ce n'est pas difficile à faire et ça vaut le coup. »

Martin Vintner-Jackson, consultant free-lance en stratégie de marque

« Tous les matins, je regarde plein de blogs d'artistes et de graphistes et je les marque pour me constituer un album numérique. Je visite aussi les sites des agents. »

Steve Rutterford, Directeur artistique, Brooklyn Brothers

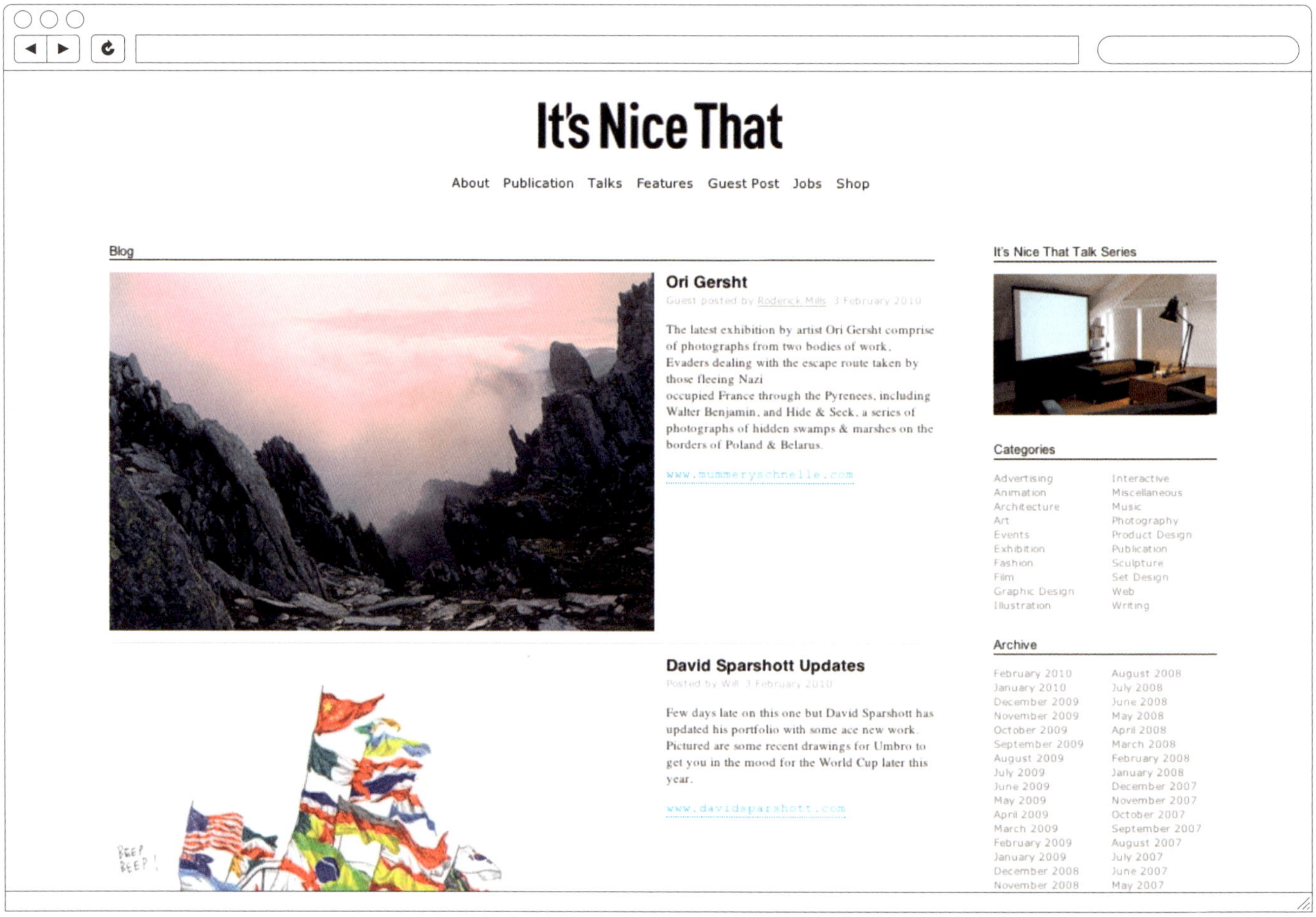

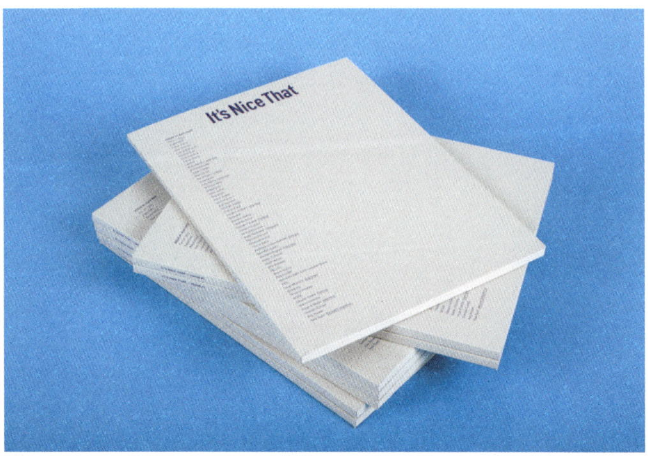

Page précédente : Les blogs professionnels offrent d'autres possibilités de promouvoir votre travail. It's Nice That est un de ces blogs spécialisés dans la publicité, la promotion et l'archivage de travaux de toutes sortes dans le secteur de la création. Il existe aussi des publications imprimées qui regroupent les meilleurs travaux publiés sur le blog au cours des six derniers mois, avec des interviews et des articles sur les créatifs du moment.

Ci-dessous : Deux étudiants en graphisme ont choisi la performance pour faire leur promotion, sous la forme d'un projet intitulé Keep Us Busy. Installés dans la vitrine d'une boutique transformée en studio, ils ont travaillé pendant cinq jours sur des projets de création qui leur étaient soumis par e-mail. Ils rendaient également compte de leur travail sur un blog.

Publicité dans les annuaires professionnels

La publicité dans les annuaires professionnels est aussi un moyen pour que les employeurs n'oublient pas votre travail. Ce type de publicité a toujours été très onéreux, mais récemment certains éditeurs ont lancé des annuaires réservés aux nouveaux venus, avec des tarifs beaucoup moins élevés. Il arrive que les publications réservées aux professionnels établis réduisent parfois leurs tarifs, lorsque l'annonceur potentiel hésite un peu trop longtemps, et notamment lorsque l'annuaire ne parvient pas à vendre autant d'espace que souhaité. Un de mes amis qui hésitait beaucoup à investir dans une double-page publicitaire dans un annuaire bien connu d'illustrateurs se vit finalement proposer la double page au même prix que la page simple qu'il jurait pouvoir tout juste s'offrir.

« J'ai une longue liste d'URL dans les favoris, plus une liste de plus de 300 illustrateurs établis. Tous les deux mois environ, je prends le temps de trier les échantillons qui m'ont été envoyés spontanément ou de gérer et mettre à jour mes favoris. Je trie également les échantillons provenant des agences. »

Alison Lawn, Directrice artistique, *New Scientist*

Visites de suivi

Il est bien sûr important de rendre visite aux employeurs qui ont manifesté de l'intérêt pour votre travail, mais à condition de ne pas leur donner l'impression que vous les harcelez. Si quelqu'un suggère que vous restiez en contact, demandez-lui s'il vous autorise à le recontacter. D'après mon expérience, les réponses à cette question varient considérablement, allant du « Appelez-moi en fin de semaine prochaine » jusqu'au « Appelez-moi l'année prochaine à la même période ». Notez-le dans votre agenda et faites comme on vous a dit – même si le travail promis n'est jamais arrivé. Il peut y avoir bien des raisons à cela, et le plus souvent, cela n'a rien à voir avec vous.

La plupart de vos contacts voient énormément de portfolios au cours de leur carrière. Il est donc peu probable qu'ils se souviennent de tous les travaux que contenait le vôtre la dernière fois que vous le leur avez montré. En fait, ils peuvent très bien ne pas avoir remarqué la première fois un travail qu'ils apprécieront lors de la visite suivante, simplement parce qu'il ne correspondait pas à leurs besoins de l'époque. Il n'est donc pas nécessaire de changer tout le contenu de votre portfolio quand vous retournez les voir. En revanche, pensez à suivre les conseils spécifiques qu'ils vous ont donnés, qu'il s'agisse d'éliminer ou d'améliorer certains projets – ou d'attendre d'avoir publié des travaux et d'avoir un peu plus d'expérience avant de les revoir. Entre-temps, tout ce que vous pouvez faire pour renforcer votre portfolio, y compris des projets que vous initiez vous-même en pensant à tel ou tel client, ne peut que l'améliorer. Et vous serez sur la bonne voie !

« Je joins des PDF ou des JPG à des e-mails que j'envoie à une petite liste de clients et d'amis. Je n'achète pas de listes. Autrefois j'avais une liste d'environ 1 200 noms qui étaient prévenus de mes expositions et conférences. »

Lance Hidy, graphiste free-lance

Résumé
Comment se faire connaître

1.

Un entretien avec un employeur potentiel est la première étape à franchir pour vous faire connaître sur le marché de la création. Même si elle n'a aucun emploi ou commande à vous confier, cette personne peut vous recommander à quelqu'un d'autre – et voilà votre première connexion établie.

2.

L'envoi d'une lettre est la meilleure façon de contacter une entreprise ou un individu. Les graphistes doivent inclure un CV qui détaille les informations contenues dans la lettre, alors que les illustrateurs doivent envoyer des exemples représentatifs de leur travail.

3.

Les échantillons promotionnels peuvent servir à présenter votre travail ou à relancer les contacts après une présentation. Soyez sélectif : un seul travail polyvalent ou deux échantillons bien présentés auront plus d'impact que votre portfolio au grand complet.

4.

Les présentations « spontanées » sont en général informelles ; vous pouvez donc vous habiller de façon chic et confortable, ce qui renforcera votre confiance en vous. Pour un entretien avec un client du secteur bancaire, par exemple, habillez-vous de façon plus stricte.

5.

Arrivez à l'heure à l'entretien, regardez votre interlocuteur dans les yeux et montrez que vous connaissez son travail. Soyez prêt à répondre aux demandes de l'employeur potentiel ou aux problèmes qui peuvent surgir – par exemple, prenez votre téléphone portable au cas où vous seriez en retard.

6.

Il est important que les employeurs n'oublient pas votre travail. Pour vous rappeler à leur bon souvenir, vous pouvez envoyer un mot de remerciement, créer un site web facilement accessible, passer une publicité dans des annuaires professionnels et/ou effectuer des visites de suivi.

Ressources

Organismes professionnels

France

Graphisme

Agessa
21 bis rue de Bruxelles
75009 Paris
Tél. : +33 (0)1 48 78 25 00
Fax : +33 (0)1 48 78 07 78
Email : auteurs@agessa.org
www.agessa.org

Alliance française des designers
c/o Maison des photographes
121 rue Vieille du Temple
75003 Paris
Tél. : +33 (0)1 42 71 55 85
Formulaire de correspondance sur le site
www.alliance-francaise-des-designers.org

Centre national des arts plastiques
Tour Atlantique
1 place de la Pyramide
92911 Paris-La Défense
Tél. : +33 (0)1 46 93 99 50
Fax : +33 (0)1 46 93 99 79
Formulaire de correspondance sur le site
www.cnap.fr

Institut national de la propriété industrielle
26 bis rue de Saint-Pétersbourg
75008 Paris
www.inpi.fr

La Maison des Artistes
www.lamaisondesartistes.fr
Siège social de l'Association
9 rue Berryer
75008 Paris
Tél. : +33 (0)1 42 25 06 53
Email : contacts@lamaisondesartistes.fr
Service Administratif
90 avenue de Flandre
75019 Paris
Tél. : +33 (0)1 53 35 83 63
Email : serviced@secu-mda.org

Illustration

Agessa
(voir plus haut)

Association Art et Fact
Tél. : +33 (0) 8 75 24 09 60
Email: contact@artetfact.org
www.artetfact.org

Association Illustrateurs & Photographes
4,rue de la Charité
69002 Lyon
Fax : +33 (0) 4 72 39 18 39
Email : association@illustrateurs-photographes.com
www.illustrateurs-photographes.com

La Maison des Artistes
(voir plus haut)

La Maison des Illustrateurs
127 rue du Chevaleret
75013 Paris, France
Tél. : +33 (0)1 44 24 0889
Fax : +33 (0)1 56 61 1702
Email : maisonillustr@free.fr
www.lamaisondesillustrateurs.com

Union nationale des peintres et illustrateurs
11 rue Berryer
75008 Paris
Email : unpi.info@gmail.com
www.unpi.net

Europe

Graphisme

Allianz Deutscher Designer e.V
Steinstrasse 3
38100 Braunschweig, Allemagne
Tél. : +49 53 11 6757
Fax : +49 53 11 6989
Email : info@agd.de
www.agd.de

Art Directors Club Europe
Plaça deis Angels 5–6
0800 Barcelona, Espagne
Tél. : +34 93 44 375 20
Fax : +34 93 32 960 79
Email : office@adceaurope.org
www.adceurope.org

Association Typographique Internationale (siège aux États-Unis, présidence en France)
Email : secretariat@atypi.org
www.atypi.org

BNO (Association des graphistes néerlandais)
Danzigerkade 8a
1013 AP Amsterdam
Pootbus 20698
1001 NR, Pays-Bas
Tél. : +31 20 624 4748
Fax : +31 20 627 8585
Email : bno@bno.nl
www.bno.nl

Bund Deutscher Grafik-Designer
Warschauer Strasse 59a
Berlin, 10243, Allemagne
Tél. : +49 30 24 53 1490
Fax : +49 30 53 67 0526
Email : info@bdg-designer.de
www.bdg-designer.de

Chartered Society of Designers
1 Cedar Court
Royal Oak Yard
Bermondsey Street
London SE1 3GA, Grande-Bretagne
Tél. : +44 20 7357 8088
Email: csd@csd.org.uk
www.csd.org.uk

D&AD
9 Graphite Square
Vauxhall Walk
London SE11 5EE, Grande-Bretagne
Tél. : +44 20 7840 1111
Fax : +44 20 7840 0840
www.dandad.org

Design Austria
Designforum im Museums Quartier Wien, Wien, Museumsplatz 1, Hof 7, Vienna, A-1070 Autriche
Tél. : +43 1 524 49 490
Fax : +43 1 524 49 494
Email : info@designaustria.at
www.designaustria.at

Design Council
34 Bow Street
London WC2E 7DL, Grande-Bretagne
Tél. : +44 20 7420 5200
Fax : +44 20 7420 5300
www.designcouncil.org.uk

FÍT Association of Icelandic Graphic Designers
P.O. Box 8766
Reykjavik, IS-128, Islande
Tél. : +354 552 9900
Email : fit@loremipsum.is
www.teiknarar.is

Grafia
Uudenmaankatu 11 B 9
Helsinki, FIN-00120, Finlande
Tél. : +358 9 601 942
Fax : +358 9 601 140
Email : grafia@grafia.fi
www.grafia.fi

Greek Graphic Design Organization
Myllerou 19
Athens, 10436, Grèce
Tél. : +30 210 522 4813
Email : info@gda.gr
www.gda.gr

Institute of Designers in Ireland
The Digital Hub, Roe Lane
Thomas Street
Dublin 8, Irlande
Tél. : +353 1 489 3650
Fax : +353 1 488 5801
Email : idi@indigo.ie
www.idi-design.com

Spanish Association of Design Professionals
Rafael Calvo, 28, Bajo
Madrid, 28010, Espagne
Tél. : +34 91 319 5589
Fax : +34 91 310 3065
Email : info@aepd.es
www.aepd.es

Sveriges Designer
Box 4
134 21 Gustavsberg, Suède
Tél. : +46 8 570 31 540
Email : info@sverigesdesigner.se
www.sverigesdesigner.se

Swiss Graphic Designers
Bahnhofstrasse 11
Postfach 157
Flawil, 9230, Suisse
Tél. : +41 71 393 4535
Fax : +41 71 393 4548
Email : info@sgd.ch
www.sgd.ch

Union des designers en Belgique
Allee Hof Ter Vleest 5/B7
Bruxelles, B-1070, Belgique
Tél. : +32 2 523 5204
Fax : +32 2 556 2576
Email : welcome@udb.org
www.udb.org

Illustration

Asociación Profesional de Ilustradores Euskadi
Pablo Picasso 2–1a dpto.11
48012 Bilbao, Espagne
Tél. : +34 94 421 0034
Email : info@apie-eiep.com
www.apie-eiep.com

Associació Professional de Ilustradores de Catalunya
Balmes 205 1r 1a B
08006 Barcelona, Espagne
Tél. : +34 93 416 1474
Fax : +34 96 415 1583
Email : info@apic.es
www.apic.es

Associació Professional d'Illustradors de València
c/o Pes de la Farina 5 baix 46003
Valencia, Espagne
Tél./Fax : +34 96 391 3854
www.apiv.com

Associación Galega de Profesionais da Ilustraciòn
Apartado de Correos 799
A Coruña, Espagne
http://www.agpi.es/

Association of Illustrators
150 Curtain Road
London EC2A 3AR, Grande-Bretagne
Tél. : +44 20 7613 4328
Email : info@theaoi.com
www.theaoi.com

Associazione Illustratori
Via Correggio 65
20149 Milan, Italie
Tél./Fax : +39 2 832 2840
Email : info@associazioneillustratori.it
www.associazioneillustratori.it

Autillus
c/o Schweizerisches Institut für Kinder und Jugendmedien
Zeltweg 11
8032 Zürich, Suisse
Tél. : +41 43 268 3900
Fax : +41 43 268 3909
Email : info@sikjm.ch
www.autillus.ch

Federación de Asociaciones de Ilustradores Profesionales de Madrid
Calle Mayor 4,
Planta 4a, Oficina 6
28013 Madrid, Espagne
Tél. : +34 91 531 8670
Email : ilustraccion@fadip.org
www.fadip.org

Grafill
Organisasjon for visuell kommunikasjon
Skovveien 20
0257 Oslo, Norvège
Email : grafill@grafill.no
www.grafill.no

Illustratörcentrum
Götgatan 48
S-118 26 Stockholm, Suède
Tél. : +46 8 642 3792
Fax : +46 8 702 1405
Email : info@illustratorcentrum.se
www.illustratorcentrum.se

Illustratoren Organization e.V.
Mergenthalerstraße 4
60388 Frankfurt am Main, Allemagne
Tél. : +49 69 36 70 4859
Fax : +49 69 36 70 4860
www.illustratoren-organisation.de

Illustrators Guild of Ireland
Email :
membership@illustratorsireland.com
www.illustratorsireland.com

Kuvittajat
Liisankatu 7 L 1
00170 Helsinki, Finlande
Tél. : +358 50 567 8434
Email : mira.vierto@kuvittajat.fi
www.kuvittajat.fi

Svenska Technare
Arstaängsvägen 5B
S-117 43 Stockholm, Suède
Tél. : +46 8 556 02 910
Fax : +46 8 556 02 919
Email : info@svenskatecknare.se
www.svenskatecknare.se

Vlaamse Illustratoren
Belgique
www.flemish-illustrators.com

États-Unis et Canada

Graphisme

The Art Directors Club
106 West 29th Street
New York, NY 10001, États-Unis
Tél. : +1 212 643 1440
Fax : +1 212 643 4266
Email : info@adcglobal.org
www.adcglobal.org

Organization of Black Designers
300 M Street, SW Suite N-110
Washington, DC 20024–4019, États-Unis
Tél. : +1 202 659 3918
Email : info@obd.org
www.obd.org

Société des designers graphiques du Québec
4316 boulevard Saint-Laurent, bureau 200, Montréal
Québec H2W 1Z3, Canada
Tél. : +1 514 842 3960
Fax : +1 514 842 4886
Email : infodesign@sdgq.ca
www.sdgq.ca

Society of Graphic Designers of Canada
Arts Court, 2 Daly Avenue
Ottawa, Ontario K1N 6E2, Canada
Tél. : +1 613 567 5400
Fax : +1 613 564 4428
Email : info@gdc.net
www.gdc.net

Type Directors Club
347 West 36th Street, Suite 603
New York, NY 10018, États-Unis
Tél. : +1 212 633 8943
Fax : +1 212 633 8944
Email : director@tdc.org
www.tdc.org

Illustration

American Institute of Graphic Arts
164 Fifth Avenue
New York, NY 10010, États-Unis
Tél. : +1 212 807 1990
Fax : +1 212 807 1799
www.aig.org

Graphic Artists Guild
32 Broadway, Suite 1114
New York, NY 10004, États-Unis
Tél. : +1 212 791 3400
Fax : +1 212 791 0333
Email : membership@gag.org
www.graphicartistsguild.org

Illustrator's Partnership of America
845 Moraine Street
Marshfield, MA 02050, États-Unis
Email : info@illustratorspartnership.org
www.illustratorspartnership.org

Informations et conseils

www.creabook.com
Plateforme professionnelle de diffusion, d'information et de conseil pour les créateurs (graphistes, designers, illustrateurs, photographes, etc.)

www.guidedugraphisteindependant.fr
Portail d'information générale

www.igraphiste.com
Site de rencontres autour de l'univers graphique

www.lesmetiersdudessin.fr
Enquête sur les métiers du dessin et de la communication visuelle, avec entretiens et témoignages de professionnels

www.metiers-graphiques.fr
Site de l'Association de défense et d'information des professionnels du graphisme, qui rassemble créatifs indépendants et salariés
À voir : le "Kit de survie du créatif"

Sites généralistes d'information et de conseil sur les formations et les métiers :
www.cidj.com
www.onisep.fr
www.letudiant.fr
www.studya.com
www.studyrama.com

Bibliothèques et lieux spécialisés

Bibliothèque Forney
Fonds de la bibliothèque des Arts Graphiques
1 rue du Figuier
75004 Paris
Tél. : +33 (0) 1 42 78 14 60
Fax : +33 (0) 1 42 78 22 59
Email : bibliotheque.forney@paris.fr
www.paris.fr

Bibliothèque nationale de France
Site François-Mitterand
Quai François-Mauriac
75013 Paris
Tél. : +33 (0) 1 53 79 59 59
Formulaire de correspondance sur le site
www.bnf.fr

Bibliothèque publique d'information
Centre Pompidou
Rue du Renard
75004 Paris
Tél. : +33 (0) 1 44 78 16 73
Formulaire de correspondance sur le site
www.bpi.fr

Centre du Graphisme d'Echirolles
9 rue du 19 mars 1962
38130 Echirolles
Tél. : +33 (0) 4 76 23 64 65
Fax : +33 (0) 4 76 23 64 66
Email : centregraphisme@wanadoo.fr
www.graphisme-echirolles.com

Centre national de l'édition et de l'art imprimé
Ile des Impressionnistes
2 rue du Bac
78400 Chatou
Tél. : +33 (0) 1 39 52 45 35
Fax : +33 (0) 1 39 52 43 78
Email : cneai@cneai.com
www.cneai.com

Cité du Design
3 rue Javelin-Pagnon
42000 Saint-Etienne
Tél. : +33 (0) 4 77 49 74 70
Fax : +33 (0) 4 77 49 74 71
www.citedudesign.com

Galerie Anatome
38 rue Sedaine
75011 Paris
Tél. : +33 (0) 1 48 06 98 81
Fax : +33 (0) 1 58 30 71 03
Email : contact@galerie-anatome.com
www.galerie-anatome.com

Graphic Design Museum
Boschstraat 22
4811 GH Breda, Pays Bas
Tél. : +31 76 529 9900
Fax : +31 76 529 99 29
Email : info@graphicdesignmuseum.com
www.graphicdesignmuseum.nl

Le Lieu du Design
74 rue du Faubourg Saint-Antoine
75012 Paris
Tél. : +33 (0) 1 40 41 51 02
Fax : +33 (0) 1 40 41 51 00
Email : contact@lelieududesign.com
www.lelieududesign.com

M.A.X Museo
Via Dante Alighieri 6
CH-6830 Chiasso, Suisse
Tél. : +41 91 682 56 56
Fax : +41 91 682 10 33
Email : info@maxmuseo.ch
www.maxmuseo.ch

Musée de l'imprimerie de Lyon
13 rue de la Poulaillerie
69002 Lyon
Tél. : +33 (0) 4 78 37 65 98
Fax : +33 (0) 4 78 38 25 95
Email : mil@mairie-lyon.fr
www.imprimerie.lyon.fr

Musée Tomi Ungerer
Centre international de l'illustration
Villa Greiner,
2 avenue de la Marseillaise
67000 Strasbourg
Tél. : +33 (0) 3 69 06 37 27
Fax : +33 (0) 3 69 06 37 28
www.musees-strasbourg.org

Museum of American Illustration
The Society of Illustrators
128 East 63rd Street (between Park and Lexington Avenues)
New York, NY 10065, États-Unis
Tél. : +1 212 838 2560
Fax: +1 212 838 2561
Email : info@societyofillustrators.org
www.societyillustrators.org

The Type Museum
100 Hackford Road
London SW19 0QU, Grande-Bretagne
Tél. : +44 20 7735 0055
Email : enquiries@typemuseum.org
www.typemuseum.org

Fabricants et revendeurs de portfolios

Les standards

Boesner
www.boesner.fr
40 avenue du Général de Gaulle
94500 Champigny-sur-Marne
Tél. : +33 (0) 1 55 97 17 70
Fax : +33 (0) 1 48 86 46 82
Email : paris@boesner.com
170 cours du Médoc
33300 Bordeaux
Tél. : +33 (0) 5 57 19 94 19
Fax : +33 (0) 5 57 19 94 14
Email : bordeaux@boesner.com

Couleurs des arts
Vente en ligne uniquement
www.couleursdesarts.com

Créa, Rougier&Plé, Graphigro
Boutiques à Paris, Lyon, Marseille, Lille, Strasbourg et Toulouse (adresses sur le site web)
www.crea.tm.fr

Dalbe
Boutiques dans toute la France (liste complète et moteur de recherche sur le site)
Email : contact@dalbe.fr
www.dalbe.fr

Le Géant des Beaux-arts
(magasins à Paris, Bordeaux, Nantes, Strasbourg)
(chercher à "pochettes de présentation")
www.geant-beaux-arts.fr

London Graphics Centre
Covent Garden Flagship Store
16–18 Shelton Street
London WC2H 9JL, Grande-Bretagne
Tél. : +44 20 7759 4500
www.londongraphics.co.uk

Miss Numérique
Vente en ligne uniquement
(chercher à "book photo pro")
www.missnumerique.com

Plein Ciel
Boutiques dans toute la France (liste complète et moteur de recherche sur le site)
Formulaire de correspondance sur le site
www.pleinciel.info

Portfolios-and-Art-Cases.com
4938 Hampden Lane, Suite 345
Bethesda, MD 20814, États-Unis
Tél. : +1 301 654 7055
Fax : +1 301 654 7056
Email : sales@portfolios-and-artcases.com
www.portfolios-and-art-cases.com

Les fait-main

Brodies
31 Betterton Street
Covent Garden
London WC2H 9BP, Grande-Bretagne
Tél. : +44 20 7379 5755
Email : brodie@brodiesportfolios.com
www.brodiesportfolios.com

Image MP
69 hameau de Bordinas
06340 Cantaron
Tél. : +33 (0) 4 93 54 09 52
Mob. : +33 (0) 6 15 64 35 23
Email : imagemp@wanadoo.fr
www.imagemp.fr

Wyvern Bindery
56–58 Clerkenwell Road
London EC1M 5PX, Grande-Bretagne
Tél. : +44 20 7490 7899
Fax : +44 20 7490 1391
www.wyvernbindery.com

Sites web sur le graphisme

Blogs et communautés

www.admirabledesign.com
www.adsoftheworld.com
www.akalmy.com/blog
www.annuaire-creatif.com
www.artskills.net
www.artyears.com
www.bepub.com/fr
www.commarts.com
www.creabook.com
www.designanddesign.com
www.designerblog.it
www.designers-who-blog.com
www.fubiz.net
www.grapheine.com/blog
www.graphisme.blogs.com
www.igraphiste.com
www.kob-one.com
www.lebook.com
www.montretonportfolio.com
www.my-os.net/blog
www.pixelcreation.fr
www.support-communication.com
www.wysiwym.wordpress.com

Autopromotion

www.altpick.com
www.coroflot.com
www.creativeshake.com
www.figdig.com
www.ultra-book.com
www.voodoochilli.net

Fabrication en ligne de site web

www.bigblackbag.com
www.cmsmadesimple.fr
www.designer360.com
www.freeguppy.org
www.geneeweb.com
www.homestead.com
www.moonfruit.com
www.spip.net

Sites web sur l'illustration

Blogs et communautés

www.agent002.com
www.studio002.com
(sept ans d'archives)
www.affiches-artsgraphiques.blogspot.com
Agence d'illustrateurs / Studio de création

www.artetfact.org
Association des illustrateurs de SF, du fantastique et du merveilleux

www.concretehermitnetwork.com
Réseau de discussion et de promotion

www.illosaurus.com
Ressources pour illustrateurs

www.illustrationfriday.com
Concours hebdomadaire d'illustration

www.illustrationmundo.com
Partage d'informations professionnelles

www.illustrissimo.com
www.illustrissimo.com/blog
Agence d'illustrateurs

www.lesagentsassocies.org
Syndicat d'agents d'illustrateurs, graphistes et photographes

www.lezilus.com
www.lezinfo.com
Agence d'illustrateurs

www.magalerieaparis.wordpress.com
Blog consacré à l'illustration

www.metaproject.net
Plateforme de sites créatifs

www.projetmisma.free.fr
Collectif de dessinateurs

www.theaoi.com
Association d'illustrateurs

Autopromotion

www.aoiportfolios.com
www.contactacreative.com
www.folioplanet.com
www.ultra-book.com
www.theispot.com
Sites de création et de diffusion en ligne de portfolios

www.figdig.com
Portail communautaire pour illustrateurs et graphistes

Publications

Revues de graphisme

Applied Arts
18 Wynford Drive, Suite 411
Toronto, Ontario M3C 3S2
Canada
Tél. : +1 800 646 0347
Fax : +1 416 510 0913
www.appliedartsmag.com

Back Cover
Éditions B42
32 rue de Paradis
75010 Paris
Email : info@editions-b42.com
www.editions-b42.com

Clark magazine
Email : infos@clarkmagazine.com
www.clarkmagazine.com

Communication Arts
110 Constitution Drive,
Menlo Park, CA 94025, États-Unis
Tél. : +1 650 326 6040,
Fax : +1 650 326 1648
www.commarts.com

Creative Review
Centaur Media PLC
50 Poland Street
London W1F 7AX, Grande-Bretagne
Tél. : +44 20 7970 4000
www.creativereview.com

DZone
Hollandia Publishing BV
PO-box 341, 1700 AH
Heerhugowaard, Pays-Bas
Tél. : +31 72 576 0500
Email : redactie@dzone.nl
www.dzone.nl

Étapes
Pyramyd Ntcv
15 rue de Turbigo
75002 Paris
Tél. : +33 (0) 1 40 26 02 65
Fax : +33 (0) 1 40 26 07 03
www.etapes.com

Grafik
Grafik Ltd., 3rd Floor,
104 Great Portland Street,
London W1W 6PE, Grande-Bretagne
Tél. : +44 20 7637 5900
Email : hello@grafikmagazine.co.uk
www.grafikmag.com

Graphic Design USA
89 Fifth Avenue, Suite 901
New York, New York 10003, États-Unis
Tél. : +1 212 696 4380
Fax : +1 212 696 4564
www.gdusa.com

HOW
FW Media Ltd
4700 E. Galbraith Road
Cincinnati, Ohio 45236, États-Unis
Tél. : +1 513 531 2690
www.howdesign.com

IDPure
Chemin du Pré 4A, Case postale
1110 Morges 1, Suisse
Tél. : +41 848-IDPURE ou 43 7873
Email : info@idpure.com
www.idpure.com

Print
38 East 29th Street, 3rd Floor
New York, NY 10016, États-Unis
Tél. : +1 212 447 1400
Fax : +1 212 447 5231
www.printmag.com

Wad
Formulaire de correspondance sur le site
www.wadmag.com

www.artskills.net
www.baselinemagazine.com
www.bloodwarsmagazine.com
www.computerarts.co.uk
www.pixelcreation.fr
www.planete-typographie.com
Publications en ligne

Répertoires de graphistes

www.annuaire-creatif.com
www.annuairedesign.com
www.annuaire.freelance-info.fr
www.annuaire-graphiste.fr
www.bepub.com
www.creativematch.co.uk
www.lelieududesign.com/annuaire

Black Book Creative Industry Directory
740 Broadway, Suite 202
New York, NY 10003, États-Unis
Tél. : +1 212 979 6700
Email : eryder@blackbook.com
www.blackbook.com

Le Book London
43–44 Hoxton Square
London N1 6BP, Grande-Bretagne
Tél. : +44 20 7739 1155
Fax : +44 20 7739 1188
Email : info@lebook.com
www.lebook.com

Le Book New York
552 Broadway, 6th Floor
New York, NY 10012, États-Unis
Email : info@lebook.com
www.lebook.com

Le Book Paris
4 rue d'Enghien
75010 Paris
Tél. : +33 (0) 1 47 70 03 30
Fax : +33 (0) 1 48 24 04 84
Email : info@lebook.com
www.lebook.com/fr

Creative Handbook
Centaur Media PLC,
50 Poland Street
London W1F 7AX, Grande-Bretagne
Tél. : +44 20 7970 4000
www.chb.com

Revues d'illustration

3 x 3 Magazine: The Magazine of Contemporary Illustration
Published by Charles Hively
244 Fifth Avenue, Suite F269
New York, NY 10001, États-Unis
Tél. : +1 212 591 2566
Fax : +1 212 537 6201
Email : chively@3x3mag.com
www.3x3mag.com

Artists & Illustrators Magazine
The Chelsea Magazine Co. Ltd
26–30 Old Church Street
London SW3 5BY, Grande-Bretagne
Tél. : +44 20 7349 3150
Fax : +44 20 7349 3160
Email : info@artistsandillustrators.co.uk
www.artistsandillustrators.co.uk

Black Book Illustration
740 Broadway, Suite 202
New York, NY 10003, États-Unis
Tél. : +1 212 979 6700
Email : eryder@blackbook.com
www.blackbook.com

Les Cahiers de l'Articho
En Marge, édition de livres d'images
www.asso-articho.blogspot.com
www.en-marge.fr

Communication Arts
110 Constitution Drive,
Menlo Park, CA 94025, États-Unis
Tél. : +1 650 326 6040,
Fax : +1 650 326 1648
www.commarts.com

Directory of Illustration
Published by Serbin Communications
813 Reddick Street
Santa Barbara, CA 93101, États-Unis
Tél. : +1 805 963 0439/800 876 6425
Fax : +1 805 965 0496
Email : admin@serbin.com
www.directoryofillustration.com

Dopututto
Revue éditée par Misma,
collectif de dessin, illustration et BD
www.projetmisma.free.fr

Frédéric Magazine
Arts Factory
32 avenue du Président-Wilson
93100 Montreuil
Tél. : +33 (0) 6 22 85 35 86
Email : artsfactory@free.fr
www.artsfactory.net
www.fredericmagazine.free.fr

Illustration Directories
Contact Illustrators, Elfande Ltd
Surrey House, 31 Church Street,
Leatherhead, Surrey KT22 8EF,
Grande-Bretagne
Tél. : +44 1372 220 330
www.contactacreative.com

Illustration Magazine
www.illustration-magazine.com

Le Point G
Magazine en ligne
www.pointgmagazine.fr

Événements

Graphisme

ADC Annual Awards Competition
Prix ADC de création graphique,
pour étudiants et jeunes professionnels
www.adcawards.org

ADC Young Guns
Exposition de jeunes professionnels
www.adcyoungguns.org

Communication Arts
Rendez-vous annuel de graphistes
www.commarts.com/competition

D&AD Awards
Festival du design étudiant
www.dandad.org

Design Parade
Festival international de Design, à Hyères
www.villanoailles-hyeres.com

Les e.magiciens
Rencontres européennes
de la jeune création numérique
www.e-createurs.net

Festa del Grafisme
Festival international
www.festadelgrafisme.org

Festival de l'affiche
et du graphisme de Chaumont
www.chaumont-graphisme.com

Festival Offf
Festival international de création digitale
(édition 2010 à Paris)
www.offf.ws

Graphisme dans la rue
Festival annuel à Fontenay-sous-Bois
www.lagaleru.org

Graphis New Talent Annual
Rendez-vous annuel de graphistes
www.graphis.com

Portfolio#1
Festival des arts graphiques
Première édition à Paris,
en septembre 2009
www.wysiwym.wordpress.com

Voir aussi la rubrique « manifestations » de la revue Étapes (www.etapes.com)

Domaines spécifiques

Illustration

3 x 3 Illustration Annuals
Concours annuel d'illustration
du magazine 3 x 3
www.3x3mag.com

Applied Arts Annuals
Répertoire de concours créatifs
www.appliedartsmag.com

Communication Arts
Rendez-vous annuel d'illustrateurs
www.commarts.com/competition

Graphéine
Festival du dessin contemporain à Toulouse
www.pinkpong.fr

Illustrative
Forum international de l'illustration contemporaine et des arts graphiques, Berlin
www.illustrative.de

Les Incorruptibles
Prix de littérature jeunesse
décerné par les jeunes lecteurs
www.lesincos.com

Institut Perrault
Prix d'illustration jeunesse
www.institutperrault.org

Key Colours
Concours international du meilleur livre d'images
www.keycolours.com

Livralire
Concours d'affiche
www.livralire.org

Raw Fifty
Compétition ouverte aux photographes, illustrateurs et artistes pluridisciplinaires
www.blackbook.com/showbook.php?ft=6

Salon du livre pour enfants de Bologne
www.bolognachildrensbookfair.com

Teatrio
Concours international d'illustration
www.teatrio.it

V & A Illustration Awards
Prix annuel d'illustration
du Musée Victoria et Albert de Londres
www.vam.ac.uk/activ_events/events/illustration_awards/

Publicité

Organismes professionnels

Association des Agences-Conseils en Communication
40 bd Malesherbes
75008 Paris
Tél : +33 (0) 1 47 42 13 42
Fax : +33 (0) 1 42 66 59 90
www.aacc.fr

La Maison de la Pub
113 rue des Moines
75017 Paris
Tél. : +33 (0) 1 46 27 77 70
Email : marina.page@lamaisondelapub.com
www.lamaisondelapub.com

Union de la publicité extérieure
40 bd Malesherbes
75008 Paris
Tél. : +33 (0) 1 47 42 16 28
Fax : +33 (0) 1 47 42 13 82
E-mail : contact@upe.fr
www.upe.fr

Publications

Stratégies
2 rue Maurice Hartmann
92130 Issy-les-Moulineaux
Tél. : +33 (0) 1 46 29 46 29
Fax : +33 (0) 1 46 29 46 09
www.strategies.fr

Édition

Organismes professionnels

Asfored
Centre de formation du Syndicat National de l'édition
21 rue Charles-Fourier
75013 Paris
www.asfored.org

Société des auteurs et illustrateurs de livre pour enfants (branche française de la SCBWI)
Email : regionaladvisor@scbwifrance.com
www.scbwifrance.com

Society of Children's Book Writers and Illustrators
8271 Beverly Boulevard
Los Angeles, CA 90048, États-Unis
Tél. : +1 323 782 1010
Fax : +1 323 782 1892
www.scbwi.org

Syndicat National de l'Édition
Adresse du siège social
115 bd Saint-Germain
75006 Paris
Tél. : +33 (0)1 44 41 40 50
www.sne.fr

Sites web

Le Club des directeurs artistiques
www.leclubdesad.org

Objets Livres
histoire graphique du livre
www.objetslivres.fr

Presse Édition
actualité sectorielle
www.presseÉdition.fr

Society for News Design
www.snd.org

Society of Publication Designers
www.spd.org

www.childrensillustrators.com
www.justonemorebook.com

Salons du livre

www.bookexpoamerica.com
www.bookfair.bolognafiere.it
www.frankfurt-book-fair.com
www.londonbookfair.co.uk
www.salondulivreagen.fr
www.salondulivrebondues.fr
www.salondulivreparis.com
www.salonlivrelyon.com
www.salon-livre-presse-jeunesse.net

Publications

Livres-Hebdo
35 rue Grégoire-de-Tours
75006 Paris
Tél. : +33 (0)1 44 41 28 00
www.livreshebdo.fr

Bande dessinée

Sites web et informations

www.acbd.fr
www.actuabd.com
www.bandedessinee.info
www.citebd.org
www.downthetubes.net
www.labobd.ning.com
www.syndicatbd.org
www.toutenbd.com

Éditeurs

www.ankama-editions.com
www.bd.gallimard.fr
www.casterman.com
www.classicalcomics.com
www.cornelius.fr
www.dargaud.com
www.dupuis.com
www.editions-delcourt.fr
www.editions-rackham.com
www.futuropolis.fr
www.glenat.com
www.lelombard.com
www.lesrequinsmarteaux.org
www.selfmadehero.com
www.warum.fr

Événements

Festival BD d'Angoulême
www.bdangouleme.com

Festival BD d'Aix-en-Provence
www.bd-aix.com

Festival BD de Lausanne
www.bdfil.ch

Festival BD de Lyon
www.2009.lyonbd.com

Small Press Expo
www.spxpo.com

Publications

Collection « Les manuels de la BD »
éditée par Eyrolles

La création d'un univers de fiction
de Jean-Marc Lainé et Sylvain Delzant
janvier 2007

L'écriture du scénario
de Jean-Marc Lainé et Sylvain Delzant
mai 2007

La réalisation du storyboard
de Jean-Marc Lainé et Sylvain Delzant
octobre 2007

Le dessin des planches
de Jean-Marc Lainé et Sylvain Delzant
janvier 2008

L'encrage
de Jean-Marc Lainé et Sylvain Delzant
août 2008

La colorisation des planches
de Jean-Marc Lainé et Sylvain Delzant
janvier 2009

Le lettrage des bulles
de Jean-Marc Lainé et Sylvain Delzant
janvier 2010

Développement de jeux vidéo

Sites web

www.afjv.com
www.aidb.com
www.conceptart.org
www.eurogamer.biz
www.futurn.net
www.gamasutra.com
www.gamecareerguide.com
www.gamesindustry.biz
www.skillset.org/games

Publications

The Computer Game Design Course : Principles, Practices and Techniques for the Aspiring Game Designer
de Jim Thompson et Barnaby Berbank-Green
édité par Thames & Hudson
www.thamesandhudson.com

Conception et architecture des jeux vidéo
d'Andrew Rollings
édité par Vuibert, 2005
www.vuibert.com

Développement XNA pour la Xbox et le PC
de Léonard Labat
édité par Eyrolles, 2009
www.eyrolles.com

Game Art : Le Graphisme des jeux vidéo
de Dave Morris et Leo Hartas
édité par Pyramyd, 2003
www.pyramyd-Éditions.com

Manuel d'écriture de jeux vidéo
de Jean-Yves Kerbrat
édité par L'Harmattan, 2006
www.editions-harmattan.fr

Play! Illustration for Toys and Interactive Games
édité par Serbin Communications
www.playillustration.com

Événements

Le salon du jeu vidéo de Paris
www.festivaldujeuvideo.com

Communication Arts Interractive Annual
www.commarts.com/competition

Cinéma et télévision

Sites web

www.storyboard.fr

Publications

130 exercices pour réussir son premier film
de Elliot Grove
édité par Eyrolles, 2010
www.eyrolles.com

L'art du Story-board
de Giuseppe Cristiano
édité par Eyrolles, février 2008
www.eyrolles.com

Guide pratique du storyboard
de Rémi Jacquinot, Oliviers Saint-Vincent et Raphaël Saint-Vincent
édité par Eyrolles, 2006
www.eyrolles.com

Les plans au cinéma
de Jeremy Vineyard et Jose Cruz
édité par Eyrolles, 2004
www.eyrolles.com

Les techniques narratives du cinéma
de Jennifer Van Sijll
édité par Eyrolles, 2006
www.eyrolles.com

The Storyboard Design Course
de Giuseppe Cristiano
édité par Thames & Hudson
www.thamesandhudson.com

Techniques de storyboards
de Wendy Tumminello
édité par Eyrolles, 2006
www.eyrolles.com

Photographie

Sites web

www.questionsphoto.com

Publications

Fabriquer ses accessoires d'éclairage photo
de Cyrill Harnischmacher
et Volker Gilbert
édité par VM, 2007
www.editions-vm.com

Organiser une expo photo
de Sarah Makda
édité par Eyrolles, 2010
www.eyrolles.com

Photojournalisme
Do Coralie Lamotte et Simone Zaniol
édité par VM, 2007
www.editions-vm.com

Profession photographe indépendant
d'Éric Delamarre
édité par VM, 2009
www.editions-vm.com

Crédits photographiques

L'auteur et l'éditeur remercient les artistes et les agences mentionnés ci-dessous pour leur autorisation à reproduire les illustrations présentées dans l'ouvrage. Tous les efforts ont été faits pour remercier les contributeurs de cet ouvrage, et nous nous excusons pour toute erreur ou omission involontaire de notre part. (h=haut, b=bas, g=gauche, d=droite, m=milieu) : P8, 1re rangée, g : Stuart Briers ; 2e rangée, d : Prat Fabrication, Prat Pampa Spiral book avec des pochettes en polypropylène ou en polyester de Prat Paris, www.pratfab.com ; 3e rangée : Mapac Group Ltd, www.mapac.com ; 4e rangée, g : Acer Inc. www.acer.co.uk ; d : Apple Inc, Cupertino, California, USA. P11 : Rachel Wells, www.rachel-wells.co.uk. P12 : Archival Methods LLC – Supports de présentation, www.archivalmethods.com, 235 Middle Road, Henrietta, NY 14467 USA. P14, h : pages du magazine GUP conçues par Matthew West de Two.Seventy, www.twoseventy.co.uk, photographie © Henk Wildschut et Raimond Wouda ; b : typographie 1920 conçue par Matthew West de Two.Seventy. P15h : 33 logo et site internet conçus par Matthew West de Two.Seventy ; b : logo et site internet Autobob conçus par Matthew West de Two.Seventy. P18–19 : illustration et typographie par Ety Smith www.asmithillustration.com. P22 : D&AD Awards Gala 2008, frais d'installation et de cérémonie, direction artistique : Zoe Bather & Matt Willey, Studio8 Design, graphisme : Zoe Bather & Matt Willey, Studio8 Design, illustration : Le Gun (Bill Bragg ; Chris Bianchi ; Neal Fox ; Robert Greene ; Steph von Reiswitz). P24 : Moog Acid – direction artistique : Kjell Ekhorn, Jon Forss, graphistes : Kjell Ekhorn, Jon Forss, agence de graphisme: Non-Format, modèles miniatures et photographie : Dan McPharlin, client : Lo Recordings. P26 : Vitsoe.com – graphisme et réalisation du site internet par Airside avec associés. P27 : The Stitches – réalisé par Anne Brassier et Airside. P28 : site internet et expérience digitale The Gret Tour : Projet digital réalisé en collaboration avec The Partners, The National Gallery et Hewlett Packard. Directeur artistique : Etrew Dean, graphisme et illustration : Michelle Bower, réalisation technique : Tony Currie. Crédits photographiques : *Bathers at La Grenouillère* par Claude-Oscar Monet, courtoisie de Etrew Dean ; The *Ambassadors* par Hans Holbein le Jeune, courtoisie de Etrew Dean ; *Samson et Delilah* par Peter Paul Reubens, courtoisie de Fergus Jackson. P29 : NewWork Magazine. Rédacteur en chef/directeur artistique : Ryotatsu Tanaka, Ryo Kumazaki, Hitomi Ishigaki, Aswin Sadha. Graphisme : Studio NewWork. P30 : Pub sur le thème de l'équilibre pour *The Economist* : direction artistique : Paul Cohen, Copywriter : Mark Fairbanks, illustration : Kjell Ekhorn, Jon Forss, agence de graphisme: Non-Format, client : AMV BBDO. P31 : comme pour P22. P32 : Campagne Kick Out Bigotry : graphisme, direction artistique, Copy Writing : Ed Watt, Design-ed, www.design-ed.co.uk. Logos de campagne : Hookson, www.hookson.com. Copyright : Kick-Out Bigotry et Football For All Logos © Hookson. Tous les autres graphismes sont de © Football For All. Campagne photographique : Paul Hampton, two bob rocket, www.twobobrocket.co.uk. Directeur de campagne : Roddy McNulty, Football For All. P33 : Call Centre In A Box : graphiste : Nic Shuttleworth, g : Like Blue, www.ilikeblue.co.uk. Compagnie : Iris Associates, client : Voice. P36h : Campagne d'Eniro 118 118 : illustrations : Erica Jacobson 2008, agence publicitaire : Ogilvy Advertising, AD Richard Baynham, Copy Per-Olde Lundgren. Campagne pour Eniro 118 118, une compagnie de recherche suédoise. Technique : Gouache, stylo plume et Illustrator. P36b : campagne de Bulmer 'Friends of British Summertime'. © Exposure www.exposure.net. Au nom de Bulmers. P37 : Campagne de publicité Boscos Endins : illustrateur : Adrià Fruitós (www.adfruitos.com), graphiste : Josep Bagà, www.josepbaga.com, client : Dagoll Dagom – compagnie de théâtre, www.dagolldagom.com/boscosendins. P38 : images du magazine Gulf Air © Ink Publishing. P39 : couverture de *Rock of Ages* et images de la chronique *Doctor Who* de *Radio Times*. P40 : *Snob Magazine*, direction artistique : Ilya Baranov. P41h : 'The Science of Music' *Utne Reader*, novembre/décembre 2008, illustrateur : Nate Johannes, Directeur artistique : Stephanie Glaros ; b : frankie magazine, Morrison Media. Illustration par Sara Hingle pour frankie magazine www.frankie.com.au. P42 : illustrations par Michelle Thompson, www.michelle-thompson.com : (h) The Globe & Mail commandé par Cinders McLeod ; (b) CPO Agenda commandé par Redactive Media. P43 : *b.spirit!* et *b.there!* Pages de magazine © Ink Publishing. P44 : *Varoom* : direction artistique : Kjell Ekhorn, Jon Forss, graphistes : Kjell Ekhorn, Jon Forss, agence de graphisme: Non-Format, éditeur : Adrian Shaughnessy, publié par : Derek Brazell / The Association of Illustrators. P45 : *The Illustrated Ape* magazine, n° 25 : *Heavenly* en partenariat avec Heavenly Records. Image de couverture © Tim Fishlock. P46hg : *Natural Flights of the Human Mind* – Clare Morrall, illustrateur : Harriet Russell, direction artistique : Alasdair Oliver, publié par : Hodder ; hm : *The Truth About These Strange Times* – Adam Foulds, illustrateur : Harriet Russell, direction artistique : Steve Marking, publié par : Orion ; hd : *Living with the Laird* – Belinda Rathbone, illustrateur : Harriet Russell, direction artistique : Julian Humphries, publié par : HarperCollins ; bg : *Tout Sweet* écrit par Karen Wheeler, œuvre de Ety Robert Davies, www.ardillustration.com, publié par : Summersdale ; bm : *Meeting Mr. Kim*, illustrateur : Ety Robert Davies, publié par : Summersdale ; bd : *The Rattle Bag*, édité par Seamus Heaney et Ted Hughes, illustrateur : Nigel Owen (représenté par CIA), publié par : Faber & Faber. P49 : Adolie Day, www.adolieday.blogspot.com. Papeterie – La Marelle éditions, *Le Chasseur de papillons* – Toucan éditions, Lilichou – Amaterra, Nouvel Angle. P50 : David Roberts représenté par Artist Partners, www.artistpartners.com. Images au nom de Faber & Faber issues de *Ten Sorry Tales* par Mick Jackson, avec des illustrations de David Roberts, first, publié par Faber et Faber en 2005 (Isbn 225489). P51 : *El Oso y el Cuervo*, copyright : illustrations : Etré da Loba (www.etredaloba.com/), Texte : Monika Klose, première édition publiée par : OQO Editora, www.oqo.es, langues : espagnol, portugais, anglais et français. ISBN-13 : 978-8496788596, ISBN-10 : 8496788598, avec couverture cartonnée : 48 pages. P52tg : *Homework for Grown-Ups* – E.Foley & B.Coates, couverture conçue par Liam Relph, illustration : Christopher Wormell, publié par Square Peg ; hm : *The Heart Of Success* – Rob Parsons, couverture conçue par David Wardle, www.designedpardavid.co.uk, publié par Hodder et Stoughton ; hd : *The Sixty Minute Father* – Rob Parsons, couverture conçue par David Wardle, www.designedbydavid.co.uk, publié par Hodder et Stoughton ; bg : *Sag Harbor* – Colson Whitehead, couverture conçue par Liam Relph, illustration : Liam Relph, publié par Harvill Secker ; bm : Changing Grooms – Sasha Wagstaff, couverture conçue par Henry Steadman, www.henrysteadman.com, couverture commandée et imaginée par Claire Bentley, Headline Publishing ; bd : Florian *del Cassonetto* – Ornella Della Libera, client : Rizzoli Italy, studio : Mucca Design, directeur créatif : Matteo Bologna, directeur artistique : Erica Heitman-Ford, graphisme : Meg Paradise www.megparadise.com. P53 : *The Little Black Book De Red Tape* – Ian Vince. Couverture conçue par Henry Steadman, couverture commandée et imaginée par Nick May, Orion Publishing. P54 : *Couture Interiors* : calligraphie : Peter Horridge, graphisme de la couverture : Eleanor Ridsdal, photographe : Steven Fisher, publié par : Laurence King publishing Ltd. P55h : la *Bible* (édition contemporaine). Illustrée par Steve Wilson, www.wilson2000.com, publiée par : Hodder et Stoughton, conçue par : Mark Read ; b : Lincoln – James L. Swanson. Illustré et conçu par Rafael Nobre, publié par Record. P56 : *Chloe Noonan*. Réalisé et conçu par Marc Ellerpar, www.marcellerpar.com. P58 : Toutes les images proviennent de la BD *Elephantmen* et de projets associés. Images par Boo Cook. Publié par Active Images via Active Comics. P59 : *Three Incestuous Sisters* – Audrey Niffenegger. Réimpression avec la permission de The Retom House Group Ltd. P61 : Bahn TV Idents. Direction artistique, graphisme, animation : Sascha Verwiebe, www.saschaverwiebe.com. Client : Deutsche Bahn AG, compagnie de production : Atkon AG. P62 : Ladyhawke, *My Delirium*, tournage dirigé par Frater, www.fraterfilms.com. Illustrations par Sarah Larnach. Courtoisie de Modular Recordings. P64 : Storyboard par Graham Humphreys pour le film promotionnel du directeur Eitan Arrusi Reverb. P65 : *Flick* (2008), œuvre d'Alex Tomlinson www.alex-tomlinson.com. Copyright Alex Tomlinson, courtoisie de Monster Films. P67 : Wallace et Gromit : Invention Suspension. Images de jeu par Aardman Digital, Aardman Animations Ltd. P68 : Machinarium, Amanita Design, www.amanita-design.net. Design, directeur : Jakub Dvorsky, animation : Vaclav Blin. Jaromir Plachy, programmation : David Oliva, graphismes : Adolf Lachman, Jakub Pozar, musique : Tomas Dvorak (Floex), son : Tomas Dvorak (Pif). P69 : Conception et développement des personnages par Anna Zukowska. Élève de la Staffordshire University, Msc 3D Games Modelling. Lecteur Alex Jackson. Depuis en haut à gauche : Grille de base d'un personnage *par Zbrush. Zbrush* sdetware © Pixologic Inc. En bas à gauche : image de *Zbrush* avec l'application du matériel 'MatCap'. *ZBrush* sdetware © Pixologic Inc. P70 hg-hd : Toïka et Arctic Breakers, graphismes de cartes de vœux. Images et copyright par Etrew Pavitt, www.etrewpavitt.com ; b : Electro Birthday, œuvre réalisée par Rachel Harper, www.rahrahrepeats.blogspot.com. Œuvre réalisée pour obtenir une licence à travers Inspire by Design Ltd. www.inspirebydesign.org. P72 : Siobhan Harrison, www.siobhanharrison.co.uk ; g : Get Well card for Images and Editions ; d : Floral Mother's Day card for Rainbow. P74 : The Coble Watchface promotion card. Image © Russell Cobb, www.russellcobb.com. P78 : book prom de David Arias © David Arias, www.arias.ca. P79 : Images © Russell Cobb. P81 : *Creative Rev* Illustration : Billie Jean, www.billiejean.co.uk. Direction artistique : Nathan Gale, Éditeur : Patr Burgoyne. P82hg : AIGA, l'association professionnelle pour le graphisme www.aiga.org ; hd : The Design Council, www.designcouncil.org.uk ; bg : Courtoisie de D&AD, www.detad.org ; bd : Society Of Illustrators Inc. www.societyillustrators.org. Normal Rockwell header image © SEPS 1935. P86 : D&AD New Blood 2009 (site internet), http://newblood.dotad.org/. Réalisé par Lbi Ltd. Crédits : James Tuff, James Theophane, Dan John, Laura Jordan-Bambach, Simon Gill, Dominic Edmunds, Zak Loney, Brett Orsborn, Stephan Zimelka, Jasmine Hays, Trevor Thomas, Mona Nischal, Hemant Pednekar, Murray Allan, Filipe Lima, Sarah Stinton, Simon Kidner, Tanay Kumar, Peter Talbot, Sarah Van Praagh, Imogen Thacker, Anil Pillai, Mark Deal, Matt Watts, Nikhil Kalanjee, Nick Parsons, Justin Clarke, Anthony McCormick, Jon Russell, Stephen Harris, Ety Thompson, Marcus McDonnell, Peter Fincher, Jennifer Walsh. Jigsaw Colour, KTP Print, 20 Twenty Print, Z Card, Nadav Ketar, David (Not Photography) & Paul, Julian Deghy, Nicolas Retall, Outback. P88 : images © Stuart Briers, www.stuartbriers.com. P94 : Rob Moxon Portfolio, www.robmoxon.co.uk. Travail réalisé au cours d'études à l'université de Cumbria. Type Factory Museum (ISTD Student Brief 2009). We Love Graphic Design, Fanzine – Robert Moxon, Sdeia Frykler et Dan Tucker. P96 : illustration de Shaun Doyle. Images © Shaun Doyle, www.shaundoyle.co.uk. P98h : illustration de Shaun Doyle. Images © Shaun Doyle ; b : images ©Russell Cobb. P100 : mise en pages pour le site internet, www.janinerewell.com © Janine Rewell. Dancing With The Dead et Dollhouse images © Janine Rewell. P102 : portfolio fourni par Lydia Fee, www.lydiafee.co.uk, hello@lydiafee.co.uk. P106 : portfolio fourni par Brodies Portfolio and Bag Emporium. Myriad Resources Ltd T/A Brodies, www.brodiesportfolios.com. P107 : portfolio et illustrations par Lydia Fee (voir P102). P109-10 : démonstration d'illustrations réalisées par Jem Robinson, www.jemillo.com. P111h : images © Stuart Briers ; bd : images © Gemma Robinson, www.gemma-robinson.co.uk. Publié par Human Resources Magazine, Haymarket Publications. P112 : Sam Dallyn Portfolio, www.samdallyn.co.uk. Graphisme du site internet/architecture des informations : Sam Dallyn, Flash Site Build/XMG : Ety Biggs. P116 : vue de l'intérieur de 'RYANTOWN', images © Robert Ryan, www.misterrob.co.uk. P120-1 : curriculum vitae/lettre de Millie Scarlett Davies, The University of Brighton, www.milliescarlettdavies.com. P122 : images © Robert Ryan (voir P116). P123g : images © Donough O'Malley, www.pencilrobot.net. Modèle réalisé par Neil Jones, fineartjones@googlemail.com. P124g Marc et Anna Christmas Tea Towel – conçu par Marc & Anna, www.marcetanna.co.uk. P125 : Because Studio Folio Book. Images © Loz Ives, Because Studio, www.becausestudio.co.uk. P126 : Girls Who Draw ; hg : boîte *Love to Print* conçue par Yee Ting Kuit, www.lovetoprint.blogspot.com ; hd : Carte postale conçue par Gemma Correll issue du set de *Love to Print* ; bg : *Misfits* book, couverture conçue par Gemma Correll, www.girlswhodraw.wordpress.com ; bd : carte postale conçue par Bogus Bapar du *Misfits* book. P127h : Jay Taylor Promotional Books. Images © Jay Taylor, www.scribblejay.co.uk ; b : Barnapar Richards 20 *Things Books*. Images © Barnapar Richards, www.barnaparrichards.co.uk, things@barnaparrichards.co.uk. P130h : œuvres choisies © Remote Location, www.remote-location.com ; m : Caroline Fabes www.carolinefabes.com. Site internet conçu par Caroline Fabes, grâce à Indexhibit ; b : Polly Dunbar. Site internet conçu par Dave Adcock, www.ten4design.co.uk, illustrations par Polly Dunbar. Illustration de droite par SHOE BAPAR © 2005 Polly Dunbar, reproduite avec la permission de Walker Books Ltd, London SE11 5HJ, www.pollydunbar.com, www.walker.co.uk. Toutes les autres images sont de © Polly Dunbar. P132 : It's Nice That - Will Hudson et Alex Bec, www.itsnicethat.com. P133 : Thomas Lovell et Shaun Hughes, www.keep-us-busy.com.